야심만만 일본어 기초 다지기

STEP 1

시사일본어사

글로벌 시대, 세계 여러 언어 구사가 자연스러워진 요즘, 특히 일본어는 우리에게 매우 친숙한 언어입니다. 한국어와 어순이 같고 표현면에서도 매우 유사한 부분이 많아 다른 외국어에 비해 공부하기 수월한 외국어라는 인식이 누구나가 일본어 학습에 도전하는 계기를 갖게 해 줍니다. 실제로 많은 사람들이 지금도 일본어 학습에 도전하고 있습니다.

외국어 학습에서 가장 중요한 것은 무엇일까요?

한 나라의 언어를 익히기 위해서는 그 나라 언어인 말의 규칙과 언어의 감각을 기초부터 체계적으로 익혀 가는 것이 무엇보다도 중요합니다. 그러한 학습 과정을 통해 자연스러운 의사 소통이 가능해질 수 있는 것입니다. 또한 그 나라의 문화를 다양한 관점에서 바라보고 이해하는 것도 언어 습득에 중요한 요소로 작용합니다.

일본어는 우리말과 비슷한 구조를 가진 언어라는 점이 학습에 대한 도전과 의욕을 높여주는 것은 사실입니다만, 무엇보다도 꾸준한 학습과 반복 연습으로 이어지는 것이 중요합니다. 서두르지 말고 기초부터 탄탄히 단계별로 차근차근 익혀 자연스러운 일본어 구사 능력을 갖추어 간다면 일본어 학습에 더 큰 흥미와 자신감을 갖게 될 것입니다.

이 교재는 대학 현장에서 다년간 일본어 교육에 종사해 온 집필자들이 그 동안의 교육 경력과 경험을 바탕으로 학습자들에게 요구되는 체계적이고 효과적인 학습 구성 내용을 담아 일본어를 쉽고 재미있게 배울 수 있도록 작성하였습니다.

1권, 2권으로 구성된 이 교재는 각 과에서 배울 포인트 문형, 문법 노트, 연습 문제 풀이, 회화, 다양한 주제의 일본 문화 소개 등 알찬 내용으로 구성하였습니다.

'시작이 반'이라는 말이 있습니다. 무슨 일이든 처음 도전이 어렵지만, 누구나 도전할 수 있습니다. 지금 일본어 학습에 도전해 보세요. 다른 한 나라의 언어를 습득하고 구사할 수 있다는 것은 자기 자신에게 큰 장점이 될 수 있습니다.

이 교재를 통해서 일본어를 보다 쉽고 재미있고 흥미롭게 차근차근 배워 갈 수 있기를 바랍니다. 또한 일본어 학습에 대한 의욕과 자신감을 키워 일본어 실력이 쑥쑥 향상되기를 바라겠습니다.

저자 일동

이 책의 구성 및 사용법

일본어 초급 코스, 즐겁게 완주하기!

본 교재는 일본어 초급 학습자를 위한 교재로서 전체 2권이며, 각 권의 단원은 10과로 구성되어 있습니다. 실생활에서 자주 사용되는 기본적인 문형을 다루고 있으며, 다양한 예문과 연습 문제를 통하여 일본어 문형 활용과 회화 능력을 향상시킬 수 있도록 하였습니다.

포인트 문형

학습에 들어가기에 앞서 각 과에서 배울 주요 문형을 확인할 수 있습니다. 눈과 귀로 학습할 문형을 먼저 익혀 봅시다.

문법 노트

다양한 예문과 표를 통해 주요 문형 및 문법을 학습할 수 있습니다. 주요 어휘들은 하단의 〈단어와 표현〉을 통해 확인해 봅시다.

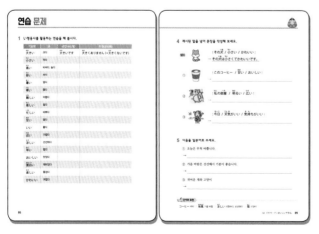

연습 문제

연습 문제를 풀며 확장된 표현들을 익힐 수 있습니다. 〈문법 노트〉에서 학습한 주요 문형을 손으로 직접 써 보며 정확하게 익혀 봅시다.

회화

학습한 문형을 이용하여 말하기 연습을 할 수
있도록 회화문이 구성되어 있습니다. 원어민의
발음과 악센트, 스피드를 잘 듣고 따라 해 봅
시다.

포인트 체크

각 과에서 배운 주요 학습 내용이 요약되어
있습니다. 노트의 여백을 활용해 각자 기억해
야 할 내용을 메모해 봅시다.

일본어로 어떻게 표현할까요?

한눈에 들어오는 그림을 통하여 어려운 표현도 쉽고 흥미롭게 익
힐 수 있습니다. 재미있는 그림을 보며 어휘력을 쑥쑥 키워 봅시다.

일본 문화 즐기기

일본에 대한 다양한 주제의 일본 문화를 소개하여 학습에 흥미를
더했습니다. 테마에 맞는 생생한 사진 자료를 보며 일본어와 일본
문화를 함께 익혀 봅시다.

한유나
ハン・ユナ

박소윤
パク・ソユン

이우진
イ・ウジン

김민수
キム・ミンス

사토 유리
<ruby>佐<rt>さ</rt>藤<rt>とう</rt>百<rt>ゆ</rt>合<rt>り</rt></ruby>

스즈키 리에
<ruby>鈴<rt>すず</rt>木<rt>き</rt></ruby>りえ

기무라 카즈오
<ruby>木<rt>き</rt>村<rt>むら</rt>一<rt>かず</rt>夫<rt>お</rt></ruby>

다나카 유
<ruby>田<rt>た</rt>中<rt>なか</rt>雄<rt>ゆう</rt></ruby>

일본어 문자와 발음

주요 학습 내용

❶ 히라가나 ひらがな

❷ 가타카나 カタカナ

❸ 청음, 탁음, 반탁음, 요음, 촉음, 발음, 장음, 악센트와 인토네이션

일본어 학습은 히라가나부터!

일본어를 익히려면 50음도부터 외워야 한다. 가나(かな)를 5자씩 10개의 행으로 배열해 놓은 도표를 50음도라고 하는데, 현재 실제 사용되는 글자는 46자이다.
원어민 음성을 들으며 큰 소리로 따라 읽어 보자.

🎧 Track 01

히라가나 50음도표

행＼단	あ	い	う	え	お
あ	あ a	い i	う u	え e	お o
か	か ka	き ki	く ku	け ke	こ ko
さ	さ sa	し shi	す su	せ se	そ so
た	た ta	ち chi	つ tsu	て te	と to
な	な na	に ni	ぬ nu	ね ne	の no
は	は ha	ひ hi	ふ fu	へ he	ほ ho
ま	ま ma	み mi	む mu	め me	も mo
や	や ya		ゆ yu		よ yo
ら	ら ra	り ri	る ru	れ re	ろ ro
わ	わ wa				を wo
					ん n

외래어는 가타카나로!

가타카나는 주로 외래어, 의성어·의태어, 강조하고 싶은 말을 표기할 때 사용한다. 가타카나는 실생활뿐만 아니라 일본의 거리 간판, 광고 등에서도 자주 접할 수 있으니 꼭 외워두자.

Track 02

행＼단	ア	イ	ウ	エ	オ
ア	ア a	イ i	ウ u	エ e	オ o
カ	カ ka	キ ki	ク ku	ケ ke	コ ko
サ	サ sa	シ shi	ス su	セ se	ソ so
タ	タ ta	チ chi	ツ tsu	テ te	ト to
ナ	ナ na	ニ ni	ヌ nu	ネ ne	ノ no
ハ	ハ ha	ヒ hi	フ fu	ヘ he	ホ ho
マ	マ ma	ミ mi	ム mu	メ me	モ mo
ヤ	ヤ ya		ユ yu		ヨ yo
ラ	ラ ra	リ ri	ル ru	レ re	ロ ro
ワ	ワ wa				ヲ wo
					ン n

가타카나 50음도표

청음은 맑은 소리라는 뜻으로, 탁점이나 반탁점이 없는 글자를 말한다.
그림을 보며 하나씩 하나씩 익혀 보자.

Track 03

あ행

| あ [a] | い [i] | う [u] | え [e] | お [o] |

| あい | いえ | うえ | え | あお |
| 사랑 | 집 | 위 | 그림 | 파랑 |

ア행

| ア [a] | イ [i] | ウ [u] | エ [e] | オ [o] |

| アイス | インク | ソウル | エプロン | オムライス |
| 아이스, 얼음 | 잉크 | 서울 | 앞치마 | 오무라이스 |

か 행

か [ka]	き [ki]	く [ku]	け [ke]	こ [ko]

かお
얼굴

き
나무

きく
국화

いけ
연못

こえ
목소리

カ 행

カ [ka]	キ [ki]	ク [ku]	ケ [ke]	コ [ko]

カメラ
카메라

キス
키스

クイズ
퀴즈

カラオケ
노래방

コアラ
코알라

🎧 Track 05

さ행

| さ [sa] | し [shi] | す [su] | せ [se] | そ [so] |

あさ
아침

しか
사슴

すし
초밥

あせ
땀

そこ
거기

サ행

| サ [sa] | シ [shi] | ス [su] | セ [se] | ソ [so] |

サイン
사인

シニア
시니어

テスト
테스트

センチ
센티미터

ソフト
소프트

た행

| た [ta] | ち [chi] | つ [tsu] | て [te] | と [to] |

| **たこ** | **くち** | **つくえ** | **て** | **いと** |
| 문어 | 입 | 책상 | 손 | 실 |

タ행

| タ [ta] | チ [chi] | ツ [tsu] | テ [te] | ト [to] |

| **タオル** | **チキン** | **ツナ** | **テント** | **トマト** |
| 타월 | 치킨 | 참치 | 텐트 | 토마토 |

Track 07

な행

| な [na] | に [ni] | ぬ [nu] | ね [ne] | の [no] |

| なし | にく | いぬ | ねこ | きのこ |
| 배 | 고기 | 개 | 고양이 | 버섯 |

ナ행

| ナ [na] | ニ [ni] | ヌ [nu] | ネ [ne] | ノ [no] |

| ナイフ | テニス | エヌ | ネクタイ | テクノ |
| 나이프 | 테니스 | 엔(N) | 넥타이 | 테크노 |

は행

は [ha]	ひ [hi]	ふ [fu]	へ [he]	ほ [ho]

はな
꽃

ひ
불

ふく
옷

へそ
배꼽

ほし
별

ハ행

ハ [ha]	ヒ [hi]	フ [fu]	ヘ [he]	ホ [ho]

ハム
햄

ヒロイン
히로인

フランス
프랑스

ヘア
헤어

ホテル
호텔

Track 09

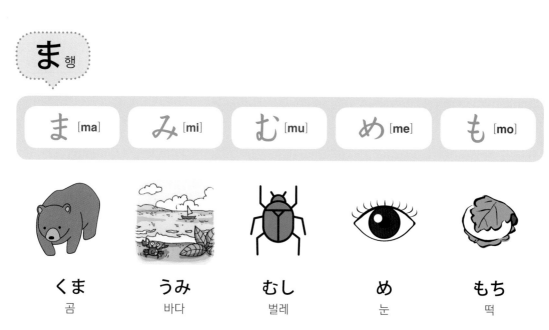

ま행

| ま [ma] | み [mi] | む [mu] | め [me] | も [mo] |

くま 곰 **うみ** 바다 **むし** 벌레 **め** 눈 **もち** 떡

マ행

| マ [ma] | ミ [mi] | ム [mu] | メ [me] | モ [mo] |

マイク 마이크 **ミルク** 우유 **タイム** 시간 **メキシコ** 멕시코 **メモ** 메모

🎧 Track 10

や행

| や [ya] | ゆ [yu] | よ [yo] |

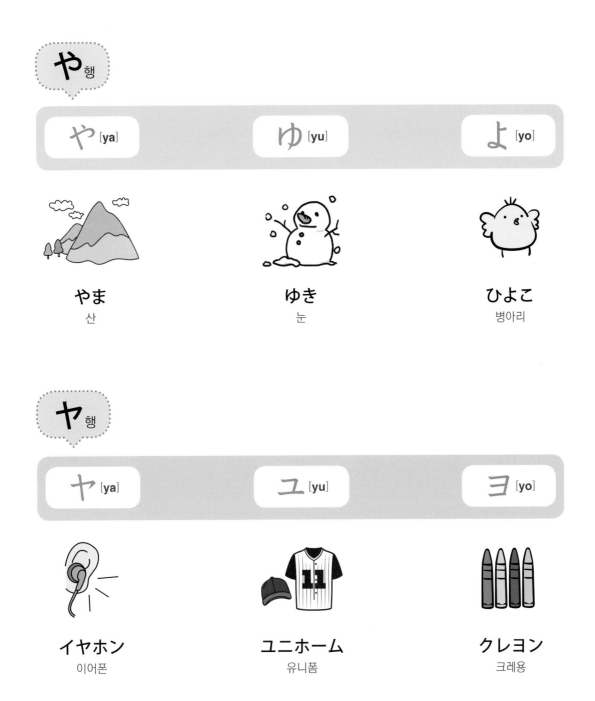

やま
산

ゆき
눈

ひよこ
병아리

ヤ행

| ヤ [ya] | ユ [yu] | ヨ [yo] |

イヤホン
이어폰

ユニホーム
유니폼

クレヨン
크레용

ら행

| ら [ra] | り [ri] | る [ru] | れ [re] | ろ [ro] |

さくら
벚꽃

りす
다람쥐

くるま
자동차

はれ
맑음

くろ
검정

ラ행

| ラ [ra] | リ [ri] | ル [ru] | レ [re] | ロ [ro] |

ライオン
사자

リボン
리본

ビール
맥주

レモン
레몬

ロシア
러시아

わ행

わ [wa]	を [wo]

わたし
나

ふくを きる
옷을 입다

ワ행

ワ [wa]	ヲ [wo]

ワイン
와인

ん

ん [n]

ン

ン [n]

にほん
일본

メロン
멜론

탁음은 「**か**행, **さ**행, **た**행, **は**행」가나 오른쪽 위에 탁점(˝)을 붙여 만든 글자이다.

🎧 Track 13

が행

が [ga]	ぎ [gi]	ぐ [gu]	げ [ge]	ご [go]

かがみ
거울

かぎ
열쇠

かぐ
가구

ひげ
수염

ごみ
쓰레기

ガ행

ガ [ga]	ギ [gi]	グ [gu]	ゲ [ge]	ゴ [go]

ガム
껌

ギター
기타

グラス
유리컵

ゲーム
게임

ゴルフ
골프

ざ _행

ざ [za]	じ [ji]	ず [zu]	ぜ [ze]	ぞ [zo]

ざる	**しちじ**	**ちず**	**かぜ**	**かぞく**
소쿠리	7시	지도	감기	가족

ザ _행

ザ [za]	ジ [ji]	ズ [zu]	ゼ [ze]	ゾ [zo]

マザー	**ジュース**	**ズボン**	**ゼリー**	**ゾーン**
엄마	주스	바지	젤리	존, 지역

Track 15

행

だ [da]	ぢ [ji]	づ [zu]	で [de]	ど [do]

だれ
누구

はなぢ
코피

つづみ
장구, 북

そで
소매

まど
창문

행

ダ [da]	ヂ [ji]	ヅ [zu]	デ [de]	ド [do]

パンダ
판다

デザート
디저트

ドア
문

24

ば행

ば [ba]	び [bi]	ぶ [bu]	べ [be]	ぼ [bo]

ばら	**えび**	**ぶた**	**うみべ**	**そぼ**
장미	새우	돼지	해변	할머니

 バ행

バ [ba]	ビ [bi]	ブ [bu]	ベ [be]	ボ [bo]

バス	**ビル**	**ブラウス**	**ベッド**	**ボール**
버스	빌딩	블라우스	침대	공

반탁음은 「**は**행」 가나 오른쪽 위에 반탁점 (°)을 붙여 만든 글자이다.

Track 17

ぱ행

| ぱ [pa] | ぴ [pi] | ぷ [pu] | ぺ [pe] | ぽ [po] |

いっぱい
가득

ぴかぴか
반짝반짝

ぷかぷか
뻐끔뻐끔

ぺこぺこ
꼬르륵

ぽかぽか
따끈따끈

パ행

| パ [pa] | ピ [pi] | プ [pu] | ペ [pe] | ポ [po] |

パパ
아빠

ピアノ
피아노

プリン
푸딩

ぺん
펜

ポスト
우체통

요음은 い를 제외한 「い단」 글자에 「や행」을 붙여 만든 글자이다.
い단인 「**き·ぎ·し·じ·ち·に·ひ·び·ぴ·み·り**」 뒤에 「**や·ゆ·よ**」를 작게 붙여 써서
한 음절로 발음한다.

Track 18

きゃ kya	きゅ kyu	きょ kyo
ぎゃ gya	ぎゅ gyu	ぎょ gyo
しゃ sha	しゅ shu	しょ sho
じゃ ja	じゅ ju	じょ jo
ちゃ cha	ちゅ chu	ちょ cho
にゃ nya	にゅ nyu	にょ nyo
ひゃ hya	ひゅ hyu	ひょ hyo
びゃ bya	びゅ byu	びょ byo
ぴゃ pya	ぴゅ pyu	ぴょ pyo
みゃ mya	みゅ myu	みょ myo
りゃ rya	りゅ ryu	りょ ryo

キャ kya	キュ kyu	キョ kyo
ギャ gya	ギュ gyu	ギョ gyo
シャ sha	シュ shu	ショ sho
ジャ ja	ジュ ju	ジョ jo
チャ cha	チュ chu	チョ cho
ニャ nya	ニュ nyu	ニョ nyo
ヒャ hya	ヒュ hyu	ヒョ hyo
ビャ bya	ビュ byu	ビョ byo
ピャ pya	ピュ pyu	ピョ pyo
ミャ mya	ミュ myu	ミョ myo
リャ rya	リュ ryu	リョ ryo

촉음은 「**つ**」를 작게 써서 표기하며, 우리말의 받침과 같은 역할을 하는 글자이다. 일본어의 촉음은 한국어의 받침과 달리 한 박자의 길이를 갖는다는 점에 주의해야 한다.

● 촉음 (促音)

 Track 19

촉음은 「**か**행, **さ**행, **た**행, **ぱ**행」 앞에서만 쓰인다. 촉음은 독립성은 없지만 한 음절의 길이로 발음한다.

1 っ + か행 ⇒ [k]

- いっかい 일 층
- こっか 국가
- いっき 단숨

2 っ + さ행 ⇒ [s]

- あっさり 산뜻함
- けっせき 결석
- ざっし 잡지

3 っ + た행 ⇒ [t]

- いったい 도대체
- ちょっと 잠깐
- やっつ 여덟 개

4 っ + ぱ행 ⇒ [p]

- しゅっぱつ 출발
- いっぴき 한 마리
- いっぱい 가득, 한 잔

발음은 「ん」으로 표기하며, 우리말의 받침과 같은 역할을 한다. 뒤에 오는 음에 따라 발음이 달라지며 한 박자의 길이로 발음한다.

● 발음 (撥音 はつおん)　　　　　　　　　　　　　　　🎧 Track 20

1　ん + ま행・ば행・ぱ행 ⇒ [m]
- かんぱい 건배
- さんま 꽁치
- さんぽ 산책
- えんぴつ 연필

2　ん + さ행・ざ행・た행・だ행・な행・ら행 ⇒ [n]
- ぎんざ 긴자(지명)
- べんり 편리
- せんたく 세탁
- みんな 모두

3　ん + か행・が행 ⇒ [ŋ]
- けんか 싸움
- かんこく 한국
- まんが 만화
- おんがく 음악

4　ん + あ행・は행・や행, わ 또는 ん으로 끝나는 경우 ⇒ [N]
- でんわ 전화
- ほん 책
- ほんや 서점
- うどん 우동

장음은 앞 글자의 모음을 한 박자 길게 발음하며, 음의 길이에 따라 의미가 달라진다.
장음 표기는 각 가나에 모음 「**あ・い・う・え・お**」를 붙여서 나타낸다.

● 장음 (長音)

Track 21

◯ あ단 + あ

- おかあさん 어머니
- おばあさん 할머니

◯ い단 + い

- おにいさん 오빠, 형
- いいえ 아니오

◯ う단 + う

- くうき 공기
- すうがく 수학

◯ え단 + え・い

- おねえさん 언니, 누나
- せんせい 선생님

◯ お단 + お・う

- おおきい 크다
- おとうと 남동생

◯ 요음 + う

- ぎゅうにゅう 우유
- きょう 오늘

◯ 가타카나의 장음 부호는 「ー」로 표기한다.

- ケーキ 케이크
- ビール 맥주

일본어 악센트는 '고저 악센트'이며, 단어의 의미를 구별하는 기능이 있다. 특히 동음이의어는 높낮이 차이에 따라 의미를 구별한다. 인토네이션은 장면이나 상황에 따라 문말에 나타나는 억양으로 상승조, 하강조, 평탄조의 타입이 있다.

● 일본어에는 고저 악센트가 있다.　　　　　　　　　　　🎧 Track 22

[악센트의 모양]

1) 내려가는 곳이 없다. 【 　 】　**예** にわ(마당)　なまえ(이름)　にほんご(일본어)

2) 어두에서 내려간다. 【 　 】　**예** ほん(책)　てんき(날씨)　らいげつ(다음 달)

3) 어중에서 내려간다. 【 　 】　**예** たまご(달걀)　ひこうき(비행기)　せんせい(선생님)

4) 어미에서 내려간다. 【 　 】　**예** くつが(구두가)　おとうとが(남동생이)

● 인토네이션에는 세 가지 타입이 있다.　　　　　　　　　🎧 Track 23

일반적으로 의문이나 다짐의 기분을 나타낼 경우는 상승조, 동의나 실망, 명령의 감정을 나타낼 때는 하강조, 그 외에는 평탄조로 말하는 경우가 많다.

> **예** キム：　あした　友(とも)だちと　映画(えいが)を　見(み)に　行きます。【→평탄】
> 내일 친구와 영화를 보러 갑니다.
> 鈴木(すずき)さんも　いっしょに　行(い)きませんか。【↗상승】
> 스즈키 씨도 함께 가지 않을래요?
> 鈴木(すずき)：　ええ、いいですねえ。【↘하강】
> 네, 좋아요.

こんにちは。

안녕하세요.

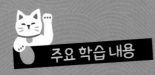
주요 학습 내용

일본어의 기본 인사말과 일상 생활에서 사용되는 다양한 인사
표현을 익혀 봅시다.

인사 표현

상황에 어울리는 다양한 인사 표현을 익혀 봅시다. 잘 듣고 따라 해 보세요.

🎧 Track 24

아침 인사

A おはようございます。
안녕하세요.

B おはよう(ございます)。
안녕(하세요).

➡ 허물 없는 사이나 아랫사람에게는 「ございます」를 생략하여 사용하기도 한다.

낮 인사

A こんにちは。
안녕하세요.

B こんにちは。
안녕(하세요).

저녁 인사

A こんばんは。
안녕하세요.

B こんばんは。
안녕(하세요).

➡ こんにちは・こんばんは의 「は」는 [wa]로 발음한다.

인사 표현

취침 인사

A **おやすみなさい。**
안녕히 주무세요.

B **おやすみ。**
잘자.

감사 인사

A **ありがとうございます。**
감사합니다.

B **どういたしまして。**
별 말씀을요.

축하 인사

A **おめでとう(ございます)。**
축하해(요).

B **ありがとう。**
고마워.

사과 인사

A **すみません。**
죄송합니다.

B **だいじょうぶです。**
괜찮습니다.

━ 가까운 사이에서 사과할 때
ごめんなさい。 미안해요.
わるい。/ ごめん。 미안해.

● すみません의 다양한 의미

감사를 표현할 때	누군가를 부를 때	말을 걸 때

すみません。

감사해요~

━ 누군가에게 도움 등을 받았을 때 (자신 때문에 신경 쓰게 해서 죄송하다는 의미)

すみません。

저기요~

━ 식당이나 상점에서 직원을 부를 때

あのう、すみません。

저, 죄송한데요…

━ 누군가에게 말을 걸거나 길 등을 묻기 위해 말을 걸 때

인사 표현

헤어짐 · 이별 인사

A では、また。
그럼 또 보자.

B また、あした。
내일 봐.

➡ 헤어질 때 하는 인사말은 다양하다. '안녕히 가세요, 잘 가, 또 만나, 그럼 또 만나' 등으로 해석할 수 있다.

それじゃ。 / じゃあね。 / またね。
バイバイ。 / さようなら。

식사 인사

식사 전

いただきます。
잘 먹겠습니다.

식사 후

ごちそうさま(でした)。
잘 먹었습니다.

안부 인사

A おげんきですか。
잘 지내세요?

B ええ、おかげさまで。
네, 덕분에요.
(덕분에 잘 지냅니다)

외출 인사

A いってきます。
다녀올게요.

B いってらっしゃい。
잘 다녀 와.
(잘 다녀 오세요.)

귀가 인사

A ただいま。
다녀왔습니다.

B おかえり(なさい)。
잘 다녀왔니? / 어서 와.

● 「おかえりなさい」는 「-なさい」를 생략해서 말하기도 한다.

인사 표현

권유

A どうぞ。
자, 어서 (드세요).

B どうも(ありがとうございます)。
감사합니다.

「どうぞ」는 상대방에게 뭔가를 권할 때 쓰는 말로, 폭넓은 의미로 사용할 수 있는 표현이다. 상대방에게 음식이나 음료 등을 권할 때, 자리를 양보할 때, 어떠한 행위를 허락하거나 할 때 「どうぞ」 한마디로 다양한 상황을 표현할 수 있다. 「どうぞ」에 대한 대답으로는 보통 「どうも」라고 한다.

인사말을 연습해 볼까요?

상황에 어울리는 인사말을 일본어로 써 봅시다.

① 아침에 선생님을 만났어요.

おはようございます。

② 저녁에 친구를 만났어요.

③ 맛있게 식사를 마쳤어요.

④ 출근하는 아버지께 인사해요.

⑤ 버스에서 어르신에게 자리를 양보해요.

⑥ 수업이 끝나고 친구와 헤어져요.

⑦ 졸업하는 선배에게 축하인사를 건네요.

⑧ 지하철에서 다른 사람과 부딪혔어요.

⑨ 자기 전 부모님께 인사해요.

⑩ 낮에 이웃집 어른을 만났어요.

⑪ 식당에서 메뉴를 고른 뒤 직원을 불러요.

⑫ 동생이 여행에서 돌아왔어요.

서로 인사말을 주고받는 것은 나 자신도 상대방도 기분 좋은 일이다. 하루에 어떤 인사말을 서로 주고받는지 생각해 보고 상황에 맞는 다양한 인사말을 일본어로는 어떻게 표현하는지 학습한 내용을 잘 익혀 보자.

☑ 인사말은 일본어로 「あいさつことば」라고 한다.

☑ 인사말은 언제 누구에게 어떤 상황에서 이루어지는지를 잘 파악하는 것이 중요하다.

☑ 일본인들은 인사말을 할 때 허리를 굽히거나 가볍게 손을 흔드는 등의 가벼운 몸동작을 한다.

☑ 일본인들의 인사 방법은 우리나라와 비슷한 점도 있지만, 표현 방법에 있어서는 서로 다른 점도 있으니 주의해야 한다.

일본어로 어떻게 표현할까요?

한국어(韓国語^{かんこくご})와 발음이 비슷한 일본어(日本語^{にほんご}) 단어

가족 家族^{かぞく}	약속 約束^{やくそく}	무리 無理^{むり}

가구 家具^{かぐ}	기분 気分^{きぶん}	온도 温度^{おんど}
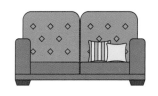		
도로 道路^{どうろ}	도시 都市^{とし}	가치 価値^{かち}

02

はじめまして。

처음 뵙겠습니다.

주요 학습 내용

처음 만나는 사람과 나누는 인사말과

자기 소개 및 타인을 소개하는 표현을 익혀 봅시다.

이번 과에서 배울 주요 문형입니다. 어떤 내용인지 먼저 잘 들어 보세요.　　🎧Track 26

● はじめまして。ハン・ユナです。
　処음 뵙겠습니다. 한유나입니다.

● 私は韓国人です。日本人ではありません。
　저는 한국인입니다. 일본인이 아닙니다.

● こちらは鈴木さんで、留学生です。
　이쪽은 스즈키 씨이며 유학생입니다.

● どうぞよろしくお願いします。
　아무쪼록 잘 부탁드립니다.

● こちらこそよろしくお願いします。
　저야말로 잘 부탁드립니다.

📖 단어와 표현

はじめまして 처음뵙겠습니다 ｜ 私 나, 저 ｜ ～は ～은(는) ｜ ～です ～입니다 ｜ 韓国人 한국인 ｜ 日本人 일본인
｜ ～ではありません ～이(가) 아닙니다 ｜ 留学生 유학생 ｜ どうぞ 부디, 아무쪼록 ｜ よろしくお願いします 잘 부
탁드립니다 ｜ こちらこそ 이쪽이야말로, 저야말로

문법 노트

① ～は～です(か) ～은(는) ～입니다(까)

- 私^{わたし}は韓国人^{かんこくじん}です。
- 鈴木^{すずき}さんは日本人^{にほんじん}です。
- スミスさんはアメリカ人^{じん}ですか。

💡 **TIP** 「～は」는 우리말로 '～은(는)'에 해당하는 조사로 [wa]로 발음해야 한다.

② ～は～ではありません (=じゃありません) ～은(는) ～이(가) 아닙니다

- 僕^{ぼく}は大学生^{だいがくせい}ではありません。
- 彼女^{かのじょ}は先生^{せんせい}ではありません。
- 田中^{たなか}さんは会社員^{かいしゃいん}じゃありません。

③ ～で、～です ～이고(며), ～입니다

- 田中^{たなか}さんは1年生^{いちねんせい}で、留学生^{りゅうがくせい}です。
- 彼^{かれ}は中国人^{ちゅうごくじん}で、大学^{だいがく}2年生^{にねんせい}です。
- こちらは鈴木^{すずき}さんで、日本人^{にほんじん}です。

📖 **단어와 표현** -

アメリカ人^{じん} 미국인 | 僕^{ぼく} 나 | 大学生^{だいがくせい} 대학생 | 彼女^{かのじょ} 그녀 | 先生^{せんせい} 선생님 | 会社員^{かいしゃいん} 회사원 | 1年生^{いちねんせい} 1학년 | 彼^{かれ}

그, 그 남자 | 中国人^{ちゅうごくじん} 중국인 | 大学^{だいがく} 대학교 | 2年生^{にねんせい} 2학년 | こちら 이쪽

④ はい 예(네) / いいえ 아니오

- はい、そうです。大学生（だいがくせい）です。

- いいえ、学生（がくせい）ではありません。先生（せんせい）です。

- はい、私（わたし）も1年生（いちねんせい）です。

🔔 숫자 익히기 1～10

0 0	一 1	二 2	三 3	四 4	五 5	六 6	七 7	八 8	九 9	十 10
ゼロ れい (まる)	いち	に	さん	よん し	ご	ろく	なな しち	はち	きゅう く	じゅう

🔔 인칭대명사

1인칭	2인칭	3인칭	부정칭
私（わたし） 나, 저 僕（ぼく） 나	あなた 당신, 너 君（きみ） 너, 자네	彼（かれ） 그 彼女（かのじょ） 그녀	だれ 누구 どなた 어느 분

 단어와 표현

はい 예(네) | そうです 그렇습니다 | いいえ 아니오 | 学生（がくせい） 학생 | ～も ～도

연습 문제

1 보기를 참고하여 문장을 작성해 보세요.

보기 私 / 大学生 → 私は大学生です。

① 中村さん / 先輩 → _____

② 友だち / 日本人 → _____

③ 彼女 / 先生 → _____

2 보기를 참고하여 질문에 대답해 보세요.

보기 A: ハンさんは１年生ですか。

B: いいえ、１年生ではありません。

① A: 彼女は中国人ですか。

B: いいえ、_____

② A: 彼は会社員ですか。

B: いいえ、_____

📖 **단어와 표현** -

先輩 선배(님) | **友だち** 친구

③

A: 田中さんは 4 年生ですか。
た なか　　　　　　よ ねんせい

B: いいえ、＿＿＿＿＿＿＿＿＿＿＿＿＿＿＿＿＿

---

3 밑줄 부분에 주어진 표현을 넣어 연습해 보세요.

> はじめまして。
> 보기 私は ㋐ 田中です。 ㋑ 日本人です。
> わたし　　　　　　た なか　　　　　　　　に ほんじん
> 大学 ㋒ 1 年生で、専攻は ㋓ 英語です。 どうぞよろしくお願いします。
> だいがく　　いちねんせい　　　せんこう　　　えい ご　　　　　　　　　　　　　　　　　　ねが

	㋐	㋑	㋒	㋓
①	パク	韓国人 かんこくじん	3 年生 さんねんせい	日本語 に ほん ご
②	佐藤 さ とう	日本人 に ほんじん	2 年生 に ねんせい	音楽 おんがく
③	スミス	アメリカ人 じん	4 年生 よ ねんせい	中国語 ちゅうごく ご

---

4 다음을 일본어로 쓰세요.

① 저는 대학교 4학년입니다.

→ ＿＿＿＿＿＿＿＿＿＿＿＿＿＿＿＿＿＿＿＿＿＿＿＿＿＿

② 이쪽은 제 친구입니다

→ ＿＿＿＿＿＿＿＿＿＿＿＿＿＿＿＿＿＿＿＿＿＿＿＿＿＿

③ 저야말로(이쪽이야말로) 잘 부탁드립니다.

→ ＿＿＿＿＿＿＿＿＿＿＿＿＿＿＿＿＿＿＿＿＿＿＿＿＿＿

 단어와 표현 -

4 年生 4학년 ｜ 専攻 전공 ｜ 英語 영어 ｜ 3 年生 3학년 ｜ 日本語 일본어 ｜ 音楽 음악 ｜ 中国語 중국어
よ ねんせい　　　　　せんこう　　　　　えい ご　　　　　　さんねんせい　　　　　に ほん ご　　　　　おんがく　　　　　ちゅうごく ご

회화

거리에서 🎧 Track 28

木村（き むら）
田中（た なか）さん、こちらはハンさんです。

ハンさんは韓国人（かん こく じん）で、大学（だい がく）4年生（よ ねん せい）です。

ハン
はじめまして。ハン・ユナともうします。

どうぞよろしくお願（ねが）いします。

田中（た なか）
はじめまして。田中です。

こちらこそ、よろしくお願いします。

ハン
あの、田中さんは学生（がく せい）ですか。

田中
いいえ、学生じゃありません。

会社員（かい しゃ いん）です。

 단어와 표현

～ともうします ～라고 합니다 ┃ あの 저, 저기

48

처음 만나는 사람에게 자기소개를 할 때의 표현에 대해 다시 한 번 체크해 보자.

☑ 처음 만나는 사람에게는 「はじめまして」라고 인사한다.

☑ 일반적으로 '이름＋です'로 자신의 이름을 소개하며 보다 정중하게 말하려면

'이름＋ともうします'라고 한다.

私は鈴木です。

私は鈴木ともうします。

☑ 자신을 소개한 후 「どうぞよろしくお願いします」라는 말로 마무리 한다.

☑ 자신을 가리키는 1인칭과 상대방을 지칭하는 2인칭, 제 3자를 지칭하는 3인칭

의 인칭대명사에 대해서도 다시 한 번 복습해 보자.

일본어로 어떻게 표현할까요?

어느 나라? 어느 나라 사람? (どこの国の人?)

Track 29

한국(인) かんこく じん 韓国(人)	일본(인) に ほん じん 日本(人)	중국(인) ちゅうごく じん 中国(人)

미국(인) じん アメリカ(人)	영국(인) じん イギリス(人)	독일(인) じん ドイツ(人)

베트남(인) じん ベトナム(人)	몽골(인) じん モンゴル(人)	이탈리아(인) じん イタリア(人)

일본인의 성씨 姓氏

일본에는 수많은 성씨(姓氏)가 존재한다. 『日本名字大辞典(일본성씨 대사전)』에는 30~40만개의 성씨가 표시되지만 보통 10만개 정도 있다고 본다. 일본도 우리나라와 마찬가지로 과거에는 일부 귀족만 성씨를 가질 수 있었지만 메이지유신(1868년) 이후부터 일반인들도 성씨를 갖게 되었다. 그래서 일본 성씨는 그 유래가 지명, 지형, 직업명, 가게 호칭 등에서 유래한 것이 많다. 또 천황을 비롯한 황족은 성씨가 없다는 특징이 있다.

일본에서는 비즈니스 매너로 주로 명함을 주고받는데 명함에 한자로 쓰인 성씨 읽는 법(読み仮名)이 쓰여 있는 경우가 있다. 다양한 성씨가 존재하고, 같은 한자라도 읽는 방법이 여러 가지가 있기 때문이다. 일본어 위키백과에 따르면 일본인에게 많은 성씨는 다음과 같은 순이라고 한다. 1위부터 10위까지의 순위를 살펴보자.

1
さとう
佐藤
사토

2
すずき
鈴木
스즈키

3
たかはし
高橋
다카하시

4
たなか
田中
다나카

5
いとう
伊藤
이토

6
やまもと
山本
야마모토

7
わたなべ
渡辺
와타나베

8
なかむら
中村
나카무라

9
こばやし
小林
고바야시

10
かとう
加藤
가토

03

これは
日本語の本です。

이것은 일본어 책입니다.

주요 학습 내용

❶ こ・そ・あ・ど의 지시사 체계를 익혀 봅시다.

❷ 다양한 사물과 장소를 지시하여 묻고 답하는 문형을 연습해 봅시다.

이번 과에서 배울 주요 문형입니다. 어떤 내용인지 먼저 잘 들어 보세요. 🎧 Track 30

- これは日本語の本です。
  이것은 일본어 책입니다.

- それは先生のです。
  그것은 선생님 것입니다.

- あれはだれのケータイですか。
  저것은 누구 휴대 전화입니까?

- キムさんのかばんはどれですか。
  김(민수) 씨의 가방은 어느 것입니까?

- Ⓐ 学校はどこですか。
  학교는 어디입니까?

- Ⓑ あそこです。
  저기입니다.

📖 **단어와 표현**

これ 이것 | ～の ～의 (것) | 本 책 | それ 그것 | あれ 저것 | だれ 누구 | ケータイ 휴대 전화 |

かばん 가방 | どれ 어느 것 | 学校 학교 | どこ 어디 | あそこ 저곳, 저기

03 これは日本語の本です。 **53**

문법 노트

① 지시사 こ / そ / あ / ど

	こ〈이〉	そ〈그〉	あ〈저〉	ど〈어느〉
사물	これ 이것	それ 그것	あれ 저것	どれ 어느 것
장소	ここ 여기	そこ 거기	あそこ 저기	どこ 어디
방향	こちら 이쪽	そちら 그쪽	あちら 저쪽	どちら 어느 쪽
명사 수식	この 이~	その 그~	あの 저~	どの 어느~

● A: これは何ですか。　　　　B: それは本です。

● A: ノートパソコンはどれですか。　　　B: これです。

● A: キムさんの家はどこですか。　　　B: 大学の近くです。

● 図書館はこちらです。

● あの人(方)は日本語の先生です。

② 명사 + の + 명사　~의(인) ~

● A: これは何の本ですか。

　B: それは英語の本です。

● あれは私の大学です。

● こちらは留学生の田中さんです。

③ 소유대명사 の ~(의) 것 / **~のです** ~것입니다

- A: このかばんはだれのですか。
  B: そのかばんは中村さんのです。
- A: これも鈴木さんのですか。
  B: いいえ、それは私のじゃありません。先生のです。

④ 여러 가지 의문사 何 / どれ / どこ / どちら / だれ

- 何 무엇　　　→ あれは何ですか。
- どれ 어느 것　　→ キムさんのケータイはどれですか。
- どこ 어디　　　→ コンビニはどこですか。
- どちら 어느 쪽　→ 駅はどちらですか。
- だれ 누구　　　→ この日本語の本はだれのですか。

 단어와 표현

~の ~의(인) | ~のです ~것입니다 | ~も ~도 | コンビニ 편의점 | 駅 역

연습 문제

1 보기를 참고하여 대화를 완성해 보세요.

보기

[これ / 時計(とけい)]

A: これは何(なん)ですか。　　　　　B: それは時計(とけい)です。

① [これ / ケータイ]

A: _____　　B: _____

② [それ / ボールペン]

A: _____　　B: _____

③ [あれ / 机(つくえ)]

A: _____　　B: _____

2 보기를 참고하여 대화를 완성해 보세요.

보기

[本屋(ほんや) / ここ]

A: 本屋(ほんや)はどこですか。　　B: 本屋(ほんや)はここです。

① [教室(きょうしつ) / ここ]

A: _____　　B: _____

② [トイレ / そこ]

A: _____　　B: _____

③ [図書館(としょかん) / あそこ]

A: _____　　B: _____

📖 **단어와 표현** -

時計(とけい) 시계 | ボールペン 볼펜 | 机(つくえ) 책상 | 本屋(ほんや) 서점 | 教室(きょうしつ) 교실 | トイレ 화장실

3 보기를 참고하여 대화를 완성해 보세요.

보기 [この眼鏡 / 友だち]
A: この眼鏡はだれのですか。　　　B: 友だちのです。

[このスマートフォン / 木村さん]

① A: _____

B: _____

[そのかばん / 私の先生]

② A: _____

B: _____

[あの靴 / ハンさん]

③ A: _____

B: _____

4 다음을 일본어로 쓰세요.

① 내 우산은 저것입니다.

→ _____

② 학교는 서점 옆입니다.

→ _____

③ 그것은 무엇입니까? / 이것은 일본어 책입니다.

→ _____

📖 **단어와 표현** -

眼鏡 안경 ｜ スマートフォン 스마트폰 ｜ 靴 신발, 구두 ｜ 傘 우산 ｜ 隣 옆

회화

도서관에서　🎧Track 32

ハン　それは何の本ですか。

木村　これは日本語の本です。

ハン　木村さんのですか。

木村　いいえ、私のじゃありません。キムさんのです。

ハン　そのケータイもキムさんのですか

木村　はい、そうです。

 단어와 표현

何の本 무슨 책

58

포인트 체크

사물, 장소, 방향을 나타내는 지시사의 체계와 표현법을 체크해 보자.

☑ 일본어의 지시사는 말하는 사람과 듣는 사람의 거리 관계에 따라
「こ・そ・あ・ど」계열의 체계로 이루어진다.

☑ 「こ」계열의 「これ・ここ・こちら・この」는 말하는 사람의 가까운 위치에
있는 것을 가리킬 때 쓴다.

☑ 「そ」계열의 「それ・そこ・そちら・その」는 듣는 사람의 가까운 위치에 있
는 것을 가리킬 때 사용한다.

☑ 「あ」계열의 「あれ・あそこ・あちら・あの」등은 말하는 사람과 듣는 사람
모두에게 먼 위치에 있는 것을 가리킬 때 사용한다.

☑ 「ど」계열의 「どれ・どこ・どちら・どの」는 의문을 나타낼 때 쓴다.

일본어로 어떻게 표현할까요?

소지품 (持ち物)

우산 傘(かさ)	접는 우산 おりたたみがさ	양산 ひがさ

가방 かばん	종이 가방 かみぶくろ	장바구니 かいものかご

서류 가방 しょるいかばん	백팩(배낭) バックパック	여행 가방 スーツケース

일본인의 호칭 ~さん ~様(さま) ~君(くん) ~ちゃん

일본인은 상대방을 부를 때 성(姓) 또는 이름에 여러 가지 경칭(敬称(けいしょう))을 붙여 호칭하는데, 상대방과의 관계에 따라 조금씩 다르게 사용한다.

「~さん」은 가장 흔히 쓰는 일반적인 경칭이며 어떠한 경우에서도 자유롭게 쓸 수 있어 가장 많이 사용된다. 직업(お巡(まわ)りさん 순경, 경찰)이나 지위명(部長(ぶちょう)さん 부장님), 가게 이름(ラーメン屋(や)さん 라면 가게), 동·식물명(猫(ねこ)さん, バラさん)에도 붙여서 사용할 수 있다.

「~様(さま)」는 「~さん」과 유사하게 사용되는 것으로 상대를 존경하여 더 높여 부를 때 쓴다. 편지나 메일을 보낼 때 상대방의 '성 + 이름' 뒤에 붙여서 많이 사용한다.

「~君(くん)」은 주로 친근한 사이인 동년배나 손아랫사람에게 사용하며 남성에게 주로 사용하는 경우가 많다. 또한 상사가 부하를 부르거나 여성에 대해서도 사용하기도 하며 동물명(猫(ねこ)くん)에도 붙여 사용할 수 있다.

「~ちゃん」은 주로 손아랫사람에게 많이 사용하며 「~さん」보다 더 다정하고 친근감을 준다. 「~君(くん)」과 마찬가지로 애완동물 이름에 붙여 사용하거나 어른 아이 관계없이 친근하고 허물없는 사이에서 주로 사용한다.

일본인은 '성(姓) + 이름' 을 부를 때 어떻게 호칭을 붙이는지 살펴보자.

• 어울리는 호칭

	이름	~さま	~さん	~くん	~ちゃん	생략
	佐藤百合(さとうゆり) 풀네임	○	○	○	△	
	佐藤(さとう) 성씨	○	○	○		
佐藤百合(さとうゆり)	百合(ゆり) 이름	△	○	○	○	○

04

このおにぎりは
いくらですか。

이 주먹밥은 얼마예요?

주요 학습 내용

시간 및 가격, 개수 세기 등 숫자와 관련한 여러 가지

표현과 문형을 익혀 봅시다.

● このおにぎりはいくらですか。

이 주먹밥은 얼마예요?

● ふたつで300円です。

두 개에 300엔입니다.

● デパートは何時からですか。

백화점은 몇 시부터예요?

● 午前11時から午後8時までです。

오전 11시부터 오후 8시까지입니다.

● ちょうど12時です。

정각 열두 시입니다.

📖 **단어와 표현** -

おにぎり 주먹밥, 삼각김밥 ┃ いくら 얼마 ┃ ふたつ(で) 두 개(에) ┃ 円 엔 ┃ デパート 백화점 ┃ 何時 몇 시 ┃
午前 오전 ┃ ～から 부터 ┃ 午後 오후 ┃ ～まで 까지 ┃ ちょうど 꼭, 정확히, 정각

문법 노트

🎧 Track 35

① ～はいくらですか ～은(는) 얼마입니까

- パソコンはいくらですか。
- この本はいくらですか。
- あの靴はいくらですか。

② 숫자 읽기

十		百		千		万	
10	じゅう	100	ひゃく	1,000	せん	10,000	いちまん
20	にじゅう	200	にひゃく	2,000	にせん	20,000	にまん
30	さんじゅう	300	さんびゃく	3,000	さんぜん	30,000	さんまん
40	よんじゅう	400	よんひゃく	4,000	よんせん	40,000	よんまん
50	ごじゅう	500	ごひゃく	5,000	ごせん	50,000	ごまん
60	ろくじゅう	600	ろっぴゃく	6,000	ろくせん	60,000	ろくまん
70	ななじゅう	700	ななひゃく	7,000	ななせん	70,000	ななまん
80	はちじゅう	800	はっぴゃく	8,000	はっせん	80,000	はちまん
90	きゅうじゅう	900	きゅうひゃく	9,000	きゅうせん	90,000	きゅうまん

- 日本語の本は14,000ウォンです。
- コーヒーは550円です。
- この靴は7,600円です。

③ 물건 세기 いくつ 몇 개

一つ	二つ	三つ	四つ	五つ	六つ	七つ	八つ	九つ	十
ひとつ	ふたつ	みっつ	よっつ	いつつ	むっつ	ななつ	やっつ	ここのつ	とお

- みっつでいくらですか。
- ハンバーガーをふたつください。

 단어와 표현 -

パソコン 컴퓨터 | 靴 구두, 신발 | コーヒー 커피 | ウォン 원 | みっつ(で) 세 개(에) | ハンバーガー 햄버거

④ 何時ですか 몇 시입니까? / 何分ですか 몇 분입니까?

1時	2時	3時	4時	5時	6時
いちじ	にじ	さんじ	よじ	ごじ	ろくじ
7時	8時	9時	10時	11時	12時
しちじ	はちじ	くじ	じゅうじ	じゅういちじ	じゅうにじ

5分	10分	15分	20分	25分	30分
ごふん	じゅっぷん	じゅうごふん	にじゅっぷん	にじゅうごふん	さんじゅっぷん
35分	40分	45分	50分	55分	半
さんじゅうごふん	よんじゅっぷん	よんじゅうごふん	ごじゅっぷん	ごじゅうごふん	はん

- A: 今、何時ですか。　　　　　　B: 9時30分です。(=9時半です。)

⑤ 〜から〜まで 〜부터 〜까지

- A: 授業は何時から何時までですか。　　B: 午前10時から午後2時までです。
- A: レストランは何時からですか。　　B: 11時からです。
- 昼休みは12時から1時までです。

> 💡 TIP　때를 나타내는 단어:
> 朝 아침　昼 점심, 낮　夜 밤　午前 오전　午後 오후

📖 **단어와 표현** -

〜を 〜을(를) | ください 주세요 | 今 지금 | 授業 수업 | レストラン 레스토랑 | 昼休み 점심 시간(점심 휴식 시간)

연습 문제

1 제시된 말을 넣어 가격을 묻고 답해 보세요.

보기 [この本 / 1,500円]
A: この本はいくらですか。　　B: せんごひゃくえんです。

① [この傘 / 3,300円]
A: ＿＿＿＿＿＿＿＿　　B: ＿＿＿＿＿＿＿＿

② [あのかばん / 15,000ウォン]
A: ＿＿＿＿＿＿＿＿　　B: ＿＿＿＿＿＿＿＿

③ [りんご / 200円]
A: ＿＿＿＿＿＿＿＿　　B: ＿＿＿＿＿＿＿＿

2 그림을 보고 시간을 히라가나로 써 보세요.

보기 2:10
A: 今、何時ですか。　　B: にじ じゅっぷんです。

① 7:45
A: 今、何時ですか。　　B: ＿＿＿＿＿＿＿＿

② 11:20
A: 映画は何時からですか。　　B: ＿＿＿＿＿＿＿＿

③ 12:30
A: 昼休みは何時からですか。　　B: ＿＿＿＿＿＿＿＿

3 그림을 보고 보기와 같이 문장을 완성해 보세요.

보기 コーヒーを<u>ひとつください。</u>

① うどんを _____

② アイスクリームを _____

③ おにぎりを _____

4 다음을 일본어로 쓰세요.

① 일본어 수업은 아침 10시 반부터입니다.

→ _____

② 점심시간은 오후 2시까지입니다.

→ _____

③ 이 사과는 2개에 500엔입니다.

→ _____

📖 단어와 표현

りんご 사과 | 映画 영화 | うどん 우동 | アイスクリーム 아이스크림 | 朝 아침

회화

店員 いらっしゃいませ。

イ おにぎりはいくらですか。

店員 ひとつ150円です。

午後5時からはみっつで400円です。

イ あ、そうですか。じゃ、みっつください。

店員 はい。400円でございます。

(1000엔을 받고) 600円のお返しです。

イ このお店は何時までですか。

店員 7時半までです。

일본어도 한국어와 마찬가지로 '하나, 둘, 셋'에 해당하는 고유 숫자와 '일, 이, 삼'에 해당하는 한자 숫자가 있다.

☑ 개수를 셀 때는 고유 숫자 「ひとつ, ふたつ, みっつ…」 등을 사용한다.

☑ 숫자는 한국어와 비슷한 방식으로 읽으면 된다. 1,345를 읽을 때는 '천 삼백 사십 오' 처럼 하나씩 끊어서 「せん　さんびゃく　よんじゅう　ご」라고 읽는다. 여러 가지 숫자 읽기를 연습해 보자.

☑ 일반적으로 「いくらですか」는 '얼마예요?' 「いくつですか」는 '몇 개예요?'라는 뜻이다. 그러나 「お」를 앞에 접속해 「おいくつですか」라고 하면 '몇 살이에요?'라는 의미가 되어 나이를 묻는 표현으로 사용된다.

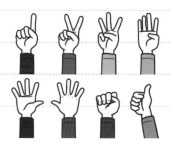

일본어로 어떻게 표현할까요?

편의점(コンビニ)에서 볼 수 있는 물건들

🎧 Track 37

주먹밥(삼각김밥) おにぎり	과자 お菓子	캔커피 缶コーヒー

1,500ウォン	2,000ウォン	900ウォン
캔맥주 缶ビール	팥빵 あんパン	컵라면 カップラーメン

3,000ウォン	1,300ウォン	750ウォン
뜨거운 물 お湯	나무젓가락 わりばし	봉지 袋

無料	ご自由に	20ウォン

돈부리 丼 _{どんぶり}

돈부리(丼)는 우리말로 덮밥이라는 뜻으로 밥공기보다 약간 크고 깊은 그릇인 돈부리바치(丼鉢)에 밥을 담고 그 위에 여러 종류의 재료를 올린 요리이다. 돈부리는 우리의 덮밥과 비슷하게 그릇에 밥을 담고 그 위에 여러 가지 재료를 얹어서 먹지만, 한국의 덮밥처럼 서로 섞어 비벼서 먹지는 않는다.

돈부리는 한국의 다양한 종류의 덮밥처럼 간편하고 맛있게 즐길 수 있는 음식 중 하나로 남녀노소를 가리지 않는 인기 있는 음식이다. 일본 여행을 가면 누구나 한번 쯤 먹어보고 싶은 요리라고 할 만큼 인기가 높은데 최근에는 한국에서도 일본식 돈부리 가게가 많이 생겨 언제든 쉽게 맛볼 수 있게 되었다.

돈부리는 밥 위에 올리는 재료에 따라 종류도 다양하다. 돈부리의 종류와 명칭을 함께 살펴보자.

대표적인 돈부리로는 양념 장어구이를 얹은 우나동(鰻丼), 돈가스를 얹은 가쓰동(カツ丼), 한국의 불고기 덮밥과 유사한 소고기와 간장소스를 얹은 규동(牛丼), 연어를 얹은 사케동(鮭丼), 튀김을 얹은 덴동(天丼), 닭고기와 달걀을 섞어 얹은 오야코동(親子丼), 해산물을 얹은 가이센동(海鮮丼) 등이 있다.

우나동

가쓰동

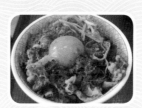
규동

사케동

덴동

오야코동

가이센동

05

わたし たん じょう び
私の誕生日は
ご がつ いつか
5月5日です。

내 생일은 5월 5일입니다.

 주요 학습 내용

❶ 월, 일, 요일을 묻고 답하는 다양한 표현을 익혀 봅시다.

❷ 명사의 정중한 긍정 표현과 과거 표현을 학습해 봅시다.

포인트 문형

이번 과에서 배울 주요 문형입니다. 어떤 내용인지 먼저 잘 들어 보세요.

🎧 Track 38

- <ruby>私<rt>わたし</rt></ruby>の<ruby>誕生日<rt>たんじょうび</rt></ruby>は５<ruby>月<rt>ご がつ</rt></ruby>５<ruby>日<rt>いつか</rt></ruby>です。

  내 생일은 5월 5일입니다.

- <ruby>冬休<rt>ふゆやす</rt></ruby>みは１２<ruby>月<rt>じゅうに がつ</rt></ruby>から２<ruby>月<rt>に がつ</rt></ruby>までです。

  겨울 방학은 12월부터 2월까지입니다.

- <ruby>今日<rt>きょう</rt></ruby>は<ruby>水曜日<rt>すいよう び</rt></ruby>です。

  오늘은 수요일입니다.

- <ruby>昨日<rt>きのう</rt></ruby>はテストでした。

  어제는 시험이었습니다.

- <ruby>昨日<rt>きのう</rt></ruby>は<ruby>休<rt>やす</rt></ruby>みではありませんでした。

  어제는 휴일이 아니었습니다.

📖 **단어와 표현**

<ruby>誕生日<rt>たんじょう び</rt></ruby> 생일 | <ruby>冬休<rt>ふゆやす</rt></ruby>み 겨울 방학 | <ruby>今日<rt>きょう</rt></ruby> 오늘 | <ruby>水曜日<rt>すいよう び</rt></ruby> 수요일 | <ruby>昨日<rt>きのう</rt></ruby> 어제 | テスト 테스트 |

<ruby>休<rt>やす</rt></ruby>み 휴일, 휴식, 휴가

문법 노트

① 何月ですか 몇 월입니까? / 何日ですか 며칠입니까?

🔔 何月

1月	2月	3月	4月	5月	6月
いちがつ	にがつ	さんがつ	しがつ	ごがつ	ろくがつ
7月	8月	9月	10月	11月	12月
しちがつ	はちがつ	くがつ	じゅうがつ	じゅういちがつ	じゅうにがつ

🔔 何日

1日	2日	3日	4日	5日	6日	7日
ついたち	ふつか	みっか	よっか	いつか	むいか	なのか
8日	9日	10日	11日	12日	13日	14日
ようか	ここのか	とおか	じゅういちにち	じゅうににち	じゅうさんにち	じゅうよっか
15日	16日	17日	18日	19日	20日	21日
じゅうごにち	じゅうろくにち	じゅうしちにち	じゅうはちにち	じゅうくにち	はつか	にじゅういちにち
22日	23日	24日	25日	26日	27日	28日
にじゅうににち	にじゅうさんにち	にじゅうよっか	にじゅうごにち	にじゅうろくにち	にじゅうしちにち	にじゅうはちにち
29日	30日	31日				
にじゅうくにち	さんじゅうにち	さんじゅういちにち				

- A: 今日は何月何日ですか。　　　B: 4月9日です。
- A: 中間テストは何日からですか。　　　B: 10日からです。
- A: パクさんのお誕生日はいつですか。　　　B: 私の誕生日は4月14日です。

 단어와 표현 --------------------------------

中間テスト 중간시험, 중간고사 ｜ いつ 언제

74

② 何曜日ですか 무슨 요일입니까?

月曜日	火曜日	水曜日	木曜日	金曜日	土曜日	日曜日
げつようび	かようび	すいようび	もくようび	きんようび	どようび	にちようび

● A: 今日は何曜日ですか。　　B: 火曜日です。

● A: アルバイトは何曜日ですか。　　B: 水曜日と土曜日です。

③ 때를 나타내는 표현

어제	오늘	내일
昨日 きのう	今日 きょう	明日 あした

지난 달	이번 달	다음 달
先月 せんげつ	今月 こんげつ	来月 らいげつ

지난 주	이번 주	다음 주
先週 せんしゅう	今週 こんしゅう	来週 らいしゅう

작년	올해	내년
去年(昨年) きょねん さくねん	今年 ことし	来年 らいねん

● 明日は何月何日ですか。　　● 夏休みは来週からです。

● 佐藤さんは来年卒業です。

④ 〜でした / 〜ではありませんでした 〜었습니다・〜이(가) 아니었습니다

● 昨日は雨でした。　　● 先週の水曜日は英語のテストでした。

● 1年前は大学生ではありませんでした。 (=じゃありませんでした)

📖 **단어와 표현** -

アルバイト 아르바이트 ｜ 〜と 〜와(과) ｜ 夏休み 여름 방학 ｜ 卒業 졸업 ｜ 雨 비 ｜ 1年前 1년 전

연습 문제

1 보기를 참고하여 질문에 대답해 보세요.

보기

A: お誕生日はいつですか。 `9월 7일`

B: 9月7日です。

① A: テストはいつですか。 `다음 주 수요일`

B: _____

② A: 休みはいつですか。 `6월 2일`

B: _____

③ A: ひな祭りはいつですか。 `3월 3일`

B: _____

2 다음은 鈴木씨의 스케줄입니다. 달력을 보고 질문에 대답해 보세요.

5月

日	月	火	水	木	金	土
		1	2	3	4	5
6 テニス大会 2時~	7	8 私の誕生日	9	10	11	12 バイト 3時~6時
13	14 テスト	15 テスト	16 テスト	17	18	19 バイト

📖 단어와 표현

ひな祭り 일본 여자아이들의 축제 | テニス大会 테니스 대회 | バイト 아르바이트(アルバイト의 줄임말)

76

| 보기 | A: テニス大会は<ruby>何月何日<rt>なんがつなんにち</rt></ruby>ですか。 | B: <u>ごがつ むいかです。</u> |

① A: バイトは<ruby>何曜日<rt>なんようび</rt></ruby>ですか。　　　　　B: _____

② A: テニス<ruby>大会<rt>たいかい</rt></ruby>は<ruby>何時<rt>なんじ</rt></ruby>からですか。　　B: _____

③ A: テストはいつからいつまでですか。　B: _____

④ A: <ruby>鈴木<rt>すずき</rt></ruby>さんの<ruby>誕生日<rt>たんじょうび</rt></ruby>はいつですか。　B: _____

3 보기를 참고하여 과거형으로 완성해 보세요.

| 보기 | <ruby>明日<rt>あした</rt></ruby>はテストです。　→　<ruby>昨日<rt>きのう</rt></ruby>も<u>テストでした。</u> |

① <ruby>明日<rt>あした</rt></ruby>は<ruby>休<rt>やす</rt></ruby>みです。　　→　<ruby>昨日<rt>きのう</rt></ruby>も_____

② <ruby>今日<rt>きょう</rt></ruby>は<ruby>土曜日<rt>どようび</rt></ruby>です。　→　<ruby>昨日<rt>きのう</rt></ruby>は_____

③ <ruby>今月<rt>こんげつ</rt></ruby>は５<ruby>月<rt>ごがつ</rt></ruby>です。　→　<ruby>先月<rt>せんげつ</rt></ruby>は_____

4 다음을 일본어로 쓰세요.

① 여름 방학은 7월 10일부터입니다.

→ _____

② 다음 주 수요일은 스즈키 씨의 생일입니다.

→ _____

③ 어제는 아르바이트였습니다.

→ _____

회화

강의실에서 　🎧 Track 40

ハン
期末テストは来週の水曜日ですか。

佐藤
いいえ、期末テストは今週の金曜日で、6月14日ですよ。

ハン
えっ、6月14日は私の誕生日です。

佐藤
へえ、6月14日がハンさんのお誕生日ですか。

ハン
はい。佐藤さんのお誕生日はいつですか。

佐藤
実は、昨日でした。

ハン
ええ、本当に!? おめでとうございます。

📖 **단어와 표현**

期末 기말 ｜ 〜が 〜이(가) ｜ 実は 실은 ｜ 本当に 정말로, 진짜로

월·일·요일 등 때와 시간을 나타내는 표현을 다시 한번 정리해 보자.

☑ 일본어의 날짜를 세는 말은 복잡하다. 1일~10일은 고유 숫자에서 변형된 말을 쓰고 11일~31일은 한자식으로 읽으면 되는데, 14일과 24일은 두 가지 방식을 혼합해서 읽는다. 읽는 방법에 주의하자.

☑ 일본어의 「月」은 읽는 법이 다양하다. 하늘에 있는 '달'을 말할 때는 「つき」라고 하고 '1월, 2월' 등의 〈월〉을 말할 때는 「がつ」라고 읽는다.
또한 '1개월, 2개월' 등의 〈개월〉을 말할 때는 「1ヶ月, 2ヶ月」와 같이 표기하고 「げつ」로 읽는다.

☑ 일본어의 문장 끝에 「ね」나 「よ」와 같은 종조사를 붙여 말하는 경우가 많다. 「ね」는 가벼운 감탄이나 동의, 동감을 표할 때 쓰며, 「よ」는 주로 상대방이 모르는 정보를 알려주거나 주장, 설명을 할 때 쓴다.

일본어로 어떻게 표현할까요?

날씨(天気)는 어때요?

[봄] 따뜻해요 [春] 暖かいです	**[여름] 더워요** [夏] 暑いです	**[가을] 선선해요** [秋] 涼しいです

[겨울] 추워요 [冬] 寒いです	**장마예요** 梅雨です	**좋은 날씨예요** お天気です

흐려요 曇りです	**비가 와요** 雨です	**눈이 내려요** 雪です

히나마쓰리 ひな祭り

일본에서 3월 3일은 히나마쓰리(ひな祭り)라 하여 여자아이의 건강과 행복을 기원하는 날이다. 모모노셋쿠(桃の節句)라고도 한다.

이 날은 히나단(雛壇)에 히나인형(雛人形)과 복숭아꽃, 백주(白酒), 떡, 쌀과자 등과 여러 가지 장식물을 함께 진열한다. 또한 팥을 넣은 찰밥인 세키한(赤飯)이나 지라시즈시(ちらし寿司), 히시모치(菱餅) 등을 먹으며 여자 아이의 건강한 성장을 기원하며 축하한다.

여자아이가 있는 가정에서는 히나마쓰리 1~3주 전부터 3단, 5단, 7단의 홀수 단 장식대인 히나단에 빨간색 주단을 깔고 큰 것부터 작은 장식의 히나인형을 장식한다. 장식했던 인형들은 3월 3일이 지나면 바로 다음 날 정리하여 보관하는데, 이는 히나인형을 오래 장식하면 결혼이 늦어진다는 속설 때문이라고 한다.

최근에는 생활 형태도 바뀌고 히나인형을 장식할 공간의 여유가 없는 경우도 있어 가정마다 생활 공간에 맞추어 단수를 줄여 장식하기도 한다. 그리고 히나인형은 가격이 비싸서 결혼할 때 가져가 대대로 사용하기도 한다.

히나단에 장식된 히나인형

히나마쓰리 음식

세키한

지라시즈시

히시모치

06

このラーメン
おいしいですね。

이 라면 맛있네요.

주요 학습 내용

い형용사의 기본형과 긍정형, 부정형, 명사수식형,
연결형의 활용 표현을 학습해 봅시다.

이번 과에서 배울 주요 문형입니다. 어떤 내용인지 먼저 잘 들어 보세요. Track 42

● ラーメンはおいしいです。

라면은 맛있습니다.

● このお茶は熱いです。冷たくありません。

이 차는 뜨겁습니다. 차갑지 않습니다.

● とても広い部屋ですね。

매우 넓은 방이네요.

● 日本語の勉強は面白くて楽しいです。

일본어 공부는 재미있고 즐겁습니다.

● この本は難しいですが、面白いです。

이 책은 어렵지만 재미있습니다.

단어와 표현

ラーメン 라면 | おいしい 맛있다 | お茶 차 | 熱い 뜨겁다 | 冷たい 차다 | とても 매우 | 広い 넓다 |
部屋 방 | 勉強 공부 | 面白い 재미있다 | 楽しい 즐겁다 | 難しい 어렵다

문법 노트

🎧 Track 43

① い형용사 어간 + い ～다 기본형 / 어간 + いです ～(ㅂ)니다 공손형

- 夏_{なつ}は暑_{あつ}い。
- 明日_{あした}は忙_{いそが}しい。
- 先生_{せんせい}は優_{やさ}しい。

- 夏_{なつ}は暑_{あつ}いです。
- 明日_{あした}は忙_{いそが}しいです。
- 先生_{せんせい}は優_{やさ}しいです。

② い형용사 어간 + くありません (=～くないです) ～지 않습니다 부정형

- 今日_{きょう}は寒_{さむ}くありません。(=寒_{さむ}くないです。)
- 日本語_{にほんご}はあまり難_{むずか}しくありません。(=難_{むずか}しくないです。)
- 天気_{てんき}はよくありません。(=よくないです。)

💡 TIP   いい = よい → 부정형의 경우는 반드시 よい로 바꾸는 것에 주의하자.

   よくありません(○)

   いくありません(×)

📖 단어와 표현 -

夏_{なつ} 여름 | 暑_{あつ}い 덥다 | 明日_{あした} 내일 | 忙_{いそが}しい 바쁘다 | 優_{やさ}しい 상냥하다, 친절하다 | 寒_{さむ}い 춥다 | あまり 그다지, 별로
| 天気_{てんき} 날씨 | いい (=よい) 좋다

③ **～い + 명사** ～ㄴ/은 명사수식형

● これは面白い本です。

● かわいい赤ちゃんですね。

● 高いビルですね。

④ **い형용사 어간 + くて** ～고 (～아/어서) 연결형

● あのパン屋は安くておいしいです。

● ケーキは甘くておいしいです。

● 天気がよくて、気持ちがいいです。

💡 **TIP** あのレストランはちょっと高いですが、おいしいです。

단어와 표현 -

かわいい 귀엽다 ｜ 赤ちゃん 아기 ｜ 高い 높다, 비싸다 ｜ ビル 빌딩 ｜ パン屋 빵가게 ｜ 安い 싸다 ｜ ケーキ

케이크 ｜ 気持ち 기분 ｜ レストラン 레스토랑 ｜ ちょっと 조금, 좀

연습 문제

1 い형용사를 활용하는 연습을 해 봅시다.

기본형	뜻	긍정(공손형)	부정(공손형)
大_{おお}きい	크다	大_{おお}きいです	大_{おお}きくありません (＝大_{おお}きくないです)
小_{ちい}さい	작다		
高_{たか}い	비싸다, 높다		
安_{やす}い	싸다		
暑_{あつ}い	덥다		
寒_{さむ}い	춥다		
難_{むずか}しい	어렵다		
易_{やさ}しい	쉽다		
忙_{いそが}しい	바쁘다		
甘_{あま}い	달다		
いい	좋다		
近_{ちか}い	가깝다		
涼_{すず}しい	선선하다		
辛_{から}い	맵다		
おいしい	맛있다		
面白_{おもしろ}い	재미있다		
楽_{たの}しい	즐겁다		
かわいい	귀엽다		

2 보기를 참고하여 질문에 대답해 보세요.

보기

A: 漢字は難しいですか。

B: いいえ、あまり<u>難しくありません。</u>

①

A: ソウル駅は近いですか。

B: いいえ、あまり _____

②

A: 今日は寒いですか。

B: いいえ、あまり _____

③

A: この料理は辛いですか。

B: いいえ、あまり _____

📖 **단어와 표현**

漢字 한자 | ソウル駅 서울역 | 近い 가깝다 | 料理 요리 | 辛い 맵다

연습 문제

3 보기를 참고하여 문장을 작성해 보세요.

보기
このお菓子^{かし}はおいしいです。
→ これはおいしいお菓子^{かし}です。

① この時計^{とけい}は安^{やす}いです。

→ これは_____

② このアイスクリームは甘^{あま}いです。

→ これは_____

③ このアニメは面白^{おもしろ}いです。

→ これは_____

📖 단어와 표현 --

お菓子^{かし} 과자 | 時計^{とけい} 시계 | 安^{やす}い 싸다 | アイスクリーム 아이스크림 | 甘^{あま}い 달다 | アニメ 애니메이션

4 제시된 말을 넣어 문장을 작성해 보세요.

[その<ruby>犬<rt>いぬ</rt></ruby> / <ruby>小<rt>ちい</rt></ruby>さい / かわいい]

→ その<ruby>犬<rt>いぬ</rt></ruby>は<ruby>小<rt>ちい</rt></ruby>さくてかわいいです。

①

[このコーヒー / <ruby>甘<rt>あま</rt></ruby>い / おいしい]

→ _____

②

[<ruby>私<rt>わたし</rt></ruby>の<ruby>部屋<rt>へや</rt></ruby> / <ruby>明<rt>あか</rt></ruby>るい / <ruby>広<rt>ひろ</rt></ruby>い]

→ _____

③

[<ruby>今日<rt>きょう</rt></ruby> / <ruby>天気<rt>てんき</rt></ruby>がいい / <ruby>気持<rt>きも</rt></ruby>ちがいい]

→ _____

5 다음을 일본어로 쓰세요.

① 오늘은 무척 바쁩니다.

→ _____

② 가을 바람은 선선해서 기분이 좋습니다.

→ _____

③ 귀여운 개와 고양이

→ _____

 **단어와 표현** -

<ruby>犬<rt>いぬ</rt></ruby> 개 | コーヒー 커피 | <ruby>秋風<rt>あきかぜ</rt></ruby> 가을 바람 | <ruby>涼<rt>すず</rt></ruby>しい 시원하다, 선선하다 | <ruby>猫<rt>ねこ</rt></ruby> 고양이

회화

일본 라멘집에서 　🎧 Track 44

田中（た なか）
パクさん、ここのラーメン、どうですか。

パク
とてもおいしいです。

田中（た なか）
辛（から）くありませんか。私（わたし）にはちょっと辛いですが……。

パク
そうですね。少（すこ）し辛いですね。

でも、このぐらいの辛さは大丈夫です。

韓国（かん こく）のラーメンより辛くありませんよ。おいしいです。

田中（た なか）
よかったです。

パク
ここのラーメン屋（や）はメニューも多（おお）くて

値段（ね だん）も安（やす）いですね。

📖 단어와 표현

どうですか 어떻습니까? │ そうですね 그렇군요 │ 少（すこ）し 조금 │ ～ぐらい ～정도 │ 辛（から）さ 매운 맛, 매움 │ 大丈夫（だいじょう ぶ）

です 괜찮습니다 │ よかったです 다행이에요 │ ラーメン屋（や） 라면 가게 │ メニュー 메뉴 │ 値段（ね だん） 가격

い형용사에 대해 다시 한 번 체크해 보자.

☑ 기본형의 모양은 '어간 + い'의 형태이다.

おいしい / 辛_{から}い / 面白_{おもしろ}い…

☑ 공손형으로 말할 때는 기본형 뒤에 「です」를 붙인다.

기본형+です → おいしいです / 辛_{から}いです / 面白_{おもしろ}いです…

☑ 공손한 부정형으로 바꿀 때는 어미 「い」를 「く」로 바꾸고 「ありません」 또는 「ないです」를 붙인다.

おいしいです → おいしくありません (= おいしくないです)

주의 いいです → よくありません (○)   いくありません (×)

☑ い형용사의 명사수식형은 기본형의 모양과 동일하다.

おいしい + パン → おいしいパン

☑ い형용사의 연결형은 어미 「い」를 「く」로 바꾸고 「て」를 붙인다.

おいしい + 安_{やす}い → おいしくて安_{やす}い

주의 いい → よくて (○)   いくて (×)

からいラーメン

일본어로 어떻게 표현할까요?

맛(味_{あじ})은 어때요?

달콤해요 甘_{あま}いです	싱거워요(심심해요) 薄_{うす}いです	매워요 辛_{から}いです

짜요 しょっぱいです	시어요 すっぱいです	떫어요 しぶいです

써요 にがいです	맛있어요 おいしいです	맛없어요 まずいです

단고노셋쿠 端午の節句

일본에서 5월 5일은 단오절로, 남자아이의 건강한 성장과 행복을 기원하고 축하해 주는 날이다.

이날은 남성다운 용맹과 기상을 북돋아 주기 위해 무사와 관련된 무사인형(武者人形)을 집안에 장식해 주고, 지마키(ちまき, 억새 잎으로 싼 찹쌀떡)나 가시와모치(柏餅, 떡갈나무 잎에 싼 팥소를 넣은 찰떡)를 먹으며 축하한다. 이는 나쁜 기운을 쫓아내고 건강하게 자라기를 바라는 의미이다. 또한 남자 어린이들의 입신출세를 바라고 기원하는 상징의 의미로 잉어 모양을 한 깃발인 고이노보리(鯉のぼり)를 마당이나 집 밖에 장식한다. 고이노보리는 종이로 만든 것도 있지만, 점차 천으로 만든 화려한 고이노보리도 많이 생겨났고, 공동주택의 베란다용 고이노보리도 볼 수 있게 되었다.

고이노보리는 에도(江戸)시대 무사들의 집에서 남자 아이가 태어나면 집안을 상징하는 무사 깃발을 세우던 풍습에서 유래하는데, 이 깃발 대신 '거센 강물도 잘 거슬러 올라간다'는 의미의 잉어를 만들어서 내걸었다고 한다.

고이노보리

무사인형

투구

지마키와 가시와모치

07

親切で
まじめな人です。

しん せつ ひと

친절하고 성실한 사람입니다.

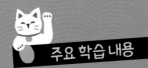 주요 학습 내용

な형용사의 기본형과 긍정형, 부정형, 명사수식형,
연결형의 활용 표현을 학습해 봅시다.

포인트 문형

이번 과에서 배울 주요 문형입니다. 어떤 내용인지 먼저 잘 들어 보세요.

🎧 Track 46

● 木村さんはいつも元気です。

기무라 씨는 언제나 활기찹니다.

● あの店員は親切ではありません。

저 점원은 친절하지 않습니다.

● 好きな果物は何ですか。

좋아하는 과일은 무엇입니까?

● とても親切でまじめな人です。

매우 친절하고 성실한 사람입니다.

● 日本のうどんが好きです。

일본 우동을 좋아합니다.

단어와 표현

いつも 언제나, 항상 | 元気だ 활기차다, 건강하다 | 店員 점원 | 親切だ 친절하다 | 好きだ 좋아하다 | 果物 과일

| まじめだ 착실하다 | 人 사람 | うどん 우동

문법 노트

🎧 Track 47

① な형용사 어간＋だ ~다 [기본형] / **어간＋です** ~(ㅂ)니다 [공손형]

- パンが好きだ。
- 地下鉄は便利だ。
- 日本語が上手だ。

- パンが好きです。
- 地下鉄は便利です。
- 日本語が上手です。

② **な형용사 어간＋ではありません** ~지 않습니다 [부정형]
（＝じゃないです）

- 英語は上手ではありません。
- あの店の店員はあまり親切ではありません。
- スポーツはあまり好きじゃありません。

③ ～な＋명사 ~ㄴ/은 [명사수식형]

- ハンさんはとてもまじめな学生です。
- ここは静かな町です。
- 元気な子どもです。

> 💡 **TIP** 예외: 同じだ
> 同じかばん(○) 同じなかばん(×)

📖 **단어와 표현** -

パン 빵 | 地下鉄 지하철 | 便利だ 편리하다 | 上手だ 잘하다, 능숙하다 | 店 가게 | スポーツ 스포츠 | とても
매우, 대단히 | 静かだ 조용하다 | 町 마을 | 子ども 아이 | 同じだ 같다, 동일하다

96

④ な형용사 어간 + で 〜고 (〜아/어서) 연결형

- あの人はまじめで親切です。
- 田中さんはハンサムで面白いです。
- 学生食堂はきれいで安いです。

⑤ 〜が 好きです 〜을(를) 좋아합니다 **/ 〜が 嫌いです** 〜을(를) 싫어합니다

- ケーキが大好きです。
- 猫が好きです。

- ケーキが嫌いです。
- 冬が嫌いです。

⑥ 〜が 上手です 〜을(를) 잘합니다 **/ 〜が 下手です** 〜을(를) 잘 못합니다

- 母は料理が上手です。
- 山田さんは絵がとても上手です。

- 料理が下手です。
- 私は歌が下手です。

📖 **단어와 표현**

ハンサムだ 핸섬하다, 잘생기다 | 学生食堂 학생 식당 | 嫌いだ 싫어하다 | 下手だ 잘 못하다 | ケーキ 케이크 |
母 엄마, 어머니 | 料理 요리 | 絵 그림 | 歌 노래

연습 문제

1 な형용사를 활용하는 연습을 해 봅시다.

기본형	뜻	긍정(공손형)	부정(공손형)
好^すきだ	좋아하다	好^すきです	好^すきではありません
嫌^{きら}いだ	싫어하다		
親切^{しんせつ}だ	친절하다		
すてきだ	멋지다		
便利^{べんり}だ	편리하다		
上手^{じょうず}だ	잘하다		
下手^{へた}だ	잘 못하다		
得意^{とくい}だ	자신 있다		
苦手^{にがて}だ	서투르다		
静^{しず}かだ	조용하다		
にぎやかだ	번화하다, 북적이다		
同^{おな}じだ	같다, 동일하다		
ハンサムだ	핸섬하다, 잘생기다		
まじめだ	성실하다		
元気^{げんき}だ	건강하다		
有名^{ゆうめい}だ	유명하다		
暇^{ひま}だ	한가하다		
きれいだ	예쁘다, 깨끗하다		

2 보기를 참고하여 문장을 작성해 보세요.

보기

[あの店 / 有名だ]

A: あの店は有名ですか。

B: いいえ、有名ではありません。

[日本語 / 上手だ]

① A: ＿＿＿＿＿＿＿＿＿＿＿＿＿＿＿

B: いいえ、＿＿＿＿＿＿＿＿＿＿＿＿

[あした / 暇だ]

② A: ＿＿＿＿＿＿＿＿＿＿＿＿＿＿＿

B: いいえ、＿＿＿＿＿＿＿＿＿＿＿＿

[公園 / にぎやかだ]

③ A: ＿＿＿＿＿＿＿＿＿＿＿＿＿＿＿

B: いいえ、＿＿＿＿＿＿＿＿＿＿＿＿

✏️ **단어와 표현** -

公園 공원

연습 문제

3 보기를 참고하여 질문에 대답해 보세요.

<table>
<tr>
<td>보기</td>
<td></td>
<td>A: どんな人ですか。
B: 元気な人です。</td>
<td>元気だ</td>
</tr>
</table>

① A: どんなところですか。 にぎやかだ

B: _____

② A: どんな椅子ですか。 楽だ

B: _____

③ A: どんな学生ですか。 まじめだ

B: _____

📖 **단어와 표현**

どんな 어떤 | ところ 곳, 장소 | 楽だ 편하다 | 椅子 의자

4 제시된 말을 넣어 문장을 작성해 보세요.

보기
[キムさん / 親切^{しんせつ}だ / まじめだ]
→ キムさんは親切^{しんせつ}でまじめです。

① [あの店^{みせ} / きれいだ / 親切^{しんせつ}だ]
→ _____

② [地下鉄^{ちかてつ} / 便利^{べんり}だ / 安全^{あんぜん}だ]
→ _____

③ [あの歌手^{かしゅ} / 歌^{うた}も上手^{じょうず}だ / 有名^{ゆうめい}だ]
→ _____

5 다음을 일본어로 쓰세요.

① 매우 성실한 사람이군요.

→ _____

② 여기는 매우 유명한 곳입니다.

→ _____

③ 축구는 잘 못하지만 좋아합니다.

→ _____

📖 **단어와 표현**

安全^{あんぜん}だ 안전하다 ｜ 歌手^{かしゅ} 가수 ｜ サッカー 축구

회화

캠퍼스에서　🎧Track 48

佐藤 ミンスさん、好きな食べ物は何ですか。

キム うどんです。特に日本のきつねうどんが大好きです。

佐藤 ああ、きつねうどん、私も好きです。
本当においしいですよね。

キム ええ。ところで、佐藤さんは料理が上手ですか。

佐藤 いいえ、あまり上手じゃありません。でも、好きです。

キム 韓国料理は何が好きですか。

佐藤 キムチチゲが大好きです。

📖 **단어와 표현**

食べ物 먹을 것, 음식 │ 大好きだ 무척 좋아하다 │ 特に 특히 │ きつねうどん 유부를 얹은 우동 │ 本当に 정말로 │

ええ 네 │ 韓国料理 한국요리 │ キムチチゲ 김치찌개

102

な형용사에 대해 다시 한 번 체크해 보자.

☑ 기본형의 모양은 '어간 + だ'의 형태로 다음과 같은 생김새이다.

好_すきだ / 親切_{しんせつ}だ / まじめだ…

☑ 공손형으로 말할 때는 な형용사 어간 뒤에 です를 붙인다.

な형용사 어간 + です → 好_すきです / 親切_{しんせつ}です / まじめです…

☑ 부정형으로 바꿀 때는 어간 뒤에 ではありません을 붙인다.

な형용사 어간 + ではありません (= 어간 + じゃないです)

→ 好_すきではありません (= 好_すきじゃないです)

☑ な형용사 명사수식형은 '어간 + な + 명사'와 같은 형태로 어미「だ」가「な」로 바뀐다.

親切_{しんせつ}だ + 人_{ひと} → 親切_{しんせつ}な人_{ひと}

☑ な형용사의 연결형은 어미「だ」를「で」의 형태로 바꿔 연결한다.

親切_{しんせつ}だ + まじめだ → 親切_{しんせつ}でまじめだ

すきな ひと

일본어로 어떻게 표현할까요?

감정(感情)과 감각(感覚)을 나타내는 말

행복해요 幸せです	**즐거워요** 楽しいです	**외로워요** 寂しいです

졸려요 眠いです	**가려워요** かゆいです	**손이 아파요** 手が痛いです

무서워요 怖いです	**배고파요** お腹、ぺこぺこです	**배불러요** お腹、いっぱいです

일본문화 즐기기

편의점 コンビニ

일본에서는 편의점을 「コンビニ」라고 한다(Convenience store・コンビニエンスストア의 약자). 일본 대부분의 편의점은 연중무휴로 24시간 영업하며 음식, 식품, 잡화, 생활용품 등 다양한 물건을 판매하고 있다.

편의점은 일본의 거리 곳곳에서 흔히 볼 수 있으며, 일본인들의 일상생활에 필요한 다양한 서비스를 대행해 주는 곳이기도 하다. 편의점 진열대에는 과자, 음료, 빵, 도시락 등의 식품 뿐만 아니라 문구와 생활 잡화 등이 주류를 이루지만, 실제로 다양한 물건을 판매하기도 한다. 일본의 편의점에서는 구입한 음식을 전자레인지 등에 데워가기는 하지만, 편의점 안에서 먹거나 하지는 않는다.

소도시에는 넓은 주차장을 갖춘 편의점도 흔히 볼 수 있다. 편의점 내부에는 주로 화장실이 있어 물건을 사지 않아도 이용할 수 있다는 점이 우리나라와 다른 특징이다. 책, 잡지, 만화책 등도 판매하고 있으며, 택배나 공공요금 납부 서비스, 티켓 예매, 배달 서비스 등을 하는 곳도 있다. 또한 복사와 팩스 서비스가 가능한 곳도 있어 편리하다.

08

鈴木さんは どこにいますか。
(すず き)

스즈키 씨는 어디에 있습니까?

주요 학습 내용

❶ 존재와 위치를 나타내는 표현을 익혀 봅시다.

❷ 가족 호칭에 관한 단어 및 표현을 학습해 봅시다.

포인트 문형

이번 과에서 배울 주요 문형입니다. 어떤 내용인지 먼저 잘 들어 보세요.

🎧 Track 50

- **鈴木さんはどこにいますか。**
  스즈키 씨는 어디에 있습니까?

- **机の上に本や鉛筆などがあります。**
  책상 위에 책이나 연필 등이 있습니다.

- **兄が2人います。**
  형이 두 명 있습니다.

- **カフェの隣に花屋があります。**
  카페 옆에 꽃집이 있습니다.

- **教室にはだれもいません。**
  교실에는 아무도 없습니다.

📖 **단어와 표현** -

～に ～에 | いますか 있습니까? | 机 책상 | 上 위 | 鉛筆 연필 | あります 있습니다 | ～など ～등 | 兄 형,

오빠 | 2人 두 명 | います 있습니다 | カフェ 카페 | 隣 옆, 이웃 | 花屋 꽃가게 | 教室 교실 | だれ 누구 |

いません 없습니다

문법 노트

🎧 Track 51

① ～は～に あります / ありません ～은(는) ～에 있습니다·없습니다 사물·식물

- 牛乳は冷蔵庫の中にあります。
- 部屋にベッドはありません。
- トイレはどこにありますか。
- かばんの中には何もありません。

② ～は～に います / いません ～은(는) ～에 있습니다·없습니다 사람, 동물

- 犬はテーブルの下にいます。
- 佐藤さんは今教室にいません。
- 田中さんは図書館にいます。
- 部屋にはだれもいません。

③ 위치명사

上 위　下 아래　　　　前 앞　後ろ 뒤　　　　中 안　外 밖

左 좌　右 우　　　　　横 옆　　　　　隣 옆, 이웃

📖 **단어와 표현** -

牛乳 우유 ｜ 冷蔵庫 냉장고 ｜ 中 안, 속 ｜ 部屋 방 ｜ ベッド 침대 ｜ 何も 아무것도 ｜ テーブル 테이블 ｜

パソコン 컴퓨터 ｜ マイク 마이크 ｜ 財布 지갑 ｜ お客さん 손님 ｜ ～しか ～밖에 ｜ クラス 클래스, 학급

④ ～と ～와(～과) / ～や～や～など ～(이)랑 ～(이)랑 ～등

● 教室にパソコンとマイクがあります。

● かばんの中には本やケータイや財布などがあります。

⑤ 何人ですか 몇 명입니까?

ひとり 1人	ふたり 2人	さんにん 3人	よにん 4人	ごにん 5人
ろくにん 6人	しちにん 7人	はちにん 8人	きゅうにん 9人	じゅうにん 10人

● レストランにお客さんは2人しかいません。

● このクラスには中国人の学生が3人います。

⑥ 家族 가족 (호칭)

뜻	우리 가족	남의 가족	뜻	우리 가족	남의 가족
할머니	そぼ 祖母	ばあ お祖母さん	언니 / 누나	あね 姉	ねえ お姉さん
할아버지	そふ 祖父	じい お祖父さん	오빠 / 형	あに 兄	にい お兄さん
엄마, 어머니	はは 母	かあ お母さん	여동생	いもうと 妹	いもうと 妹さん
아빠, 아버지	ちち 父	とう お父さん	남동생	おとうと 弟	おとうと 弟さん

● A: この方がキムさんのお母さんですか。 B: はい、私の母です。

● A: 佐藤さんは何人兄弟ですか。 B: 3人兄弟です。姉1人と兄が1人います。

연습 문제

1 제시된 말을 넣어 문장을 작성해 보세요.

보기
[アイスクリーム / 冷蔵庫の中]
→ アイスクリームは冷蔵庫の中にあります。

① [カフェ / 郵便局の隣]
→ _____

② [ケータイ / テーブルの上]
→ _____

③ [先生 / 学生たちの後ろ]
→ _____

2 그림을 보고 질문에 대답해 보세요.

보기 A: ノートパソコンはどこにありますか。　B: 机の上にあります。

① A: 時計（とけい）はどこにありますか B: _____

② A: 雑誌（ざっし）はどこにありますか。 B: _____

③ A: 猫（ねこ）はどこにいますか。 B: _____

3 보기에 제시된 단어를 참고하여 자유롭게 대답해 보세요.

> 보기 本（ほん）、ボールペン、シャーペン、ケータイ、パソコン、飲（の）み物（もの）、お菓子（かし） 등

① A: 隣（となり）の人（ひと）の机（つくえ）には何（なに）がありますか。 B: _____

② A: かばんの中（なか）には何（なに）がありますか。 B: _____

> 보기 一人（ひとり）っ子（こ）、 姉（あね）、 兄（あに）、 弟（おとうと）、 妹（いもうと）、 ～人（にん）

③ A: 兄弟（きょうだい）は何人（なんにん）いますか。 B: _____

4 다음을 일본어로 쓰세요.

① 화장실은 가게 밖에 있습니다.

→ _____

② 다나카 씨는 편의점 앞에 있습니다.

→ _____

③ 좋아하는 가수가 있습니까?

→ _____

✏️ **단어와 표현** -

郵便局（ゆうびんきょく） 우체국 ｜ 時計（とけい） 시계 ｜ 雑誌（ざっし） 잡지 ｜ ボールペン 볼펜 ｜ シャーペン 샤프펜슬 ｜ 飲（の）み物（もの） 음료수 ｜ お菓子（かし）
과자 ｜ 一人（ひとり）っ子（こ） 외동 ｜ 店（みせ） 가게 ｜ コンビニ 편의점

회화

キム
もしもし、鈴木さん、今どこですか。

鈴木
妹と一緒にカフェにいます。

キム
あ、妹さんも一緒ですか。どこのカフェですか。

鈴木
郵便局の隣に花屋があります。

その花屋の2階のカフェです。

キム
そうですか。カフェには人がたくさんいますか。

鈴木
いいえ、私と妹、2人しかいません。

 단어와 표현

もしもし 여보세요 | 〜と 〜와(과) | 一緒に 함께, 같이 | 2階 2층 | たくさん 많이

112

포인트 체크

존재와 위치를 나타내는 표현에 대해 다시 한 번 정리해 보자.

☑ 일본어에는 '있습니다'에 해당하는 존재 표현이 두 가지 있다.

　•あります : 움직이지 않는 대상(무생물, 식물)에 쓴다.

　•います　　: 움직이는 대상(사람, 동물)에 쓴다.

　　ケータイ(テーブル・かばん・花^{はな})が あります。

　　友^{とも}だち(先生^{せんせい}・学生^{がくせい})が います。

☑ 「何人^{なんにん}(몇 명)」과 유사한 표현으로 「何名^{なんめい}(몇 분)」가 있는데 이것은 좀 더 정중한

표현이다. 음식점 등에서는 손님에게 「何名^{なんめい}さまですか(몇 분이세요?)」라고 묻

는다.

☑ 남에게 우리 가족을 호칭하여 말할 때는 「さん」을 붙이지 않는다. 일본어는

「内^{うち}(안)」과 「外^{そと}(밖)」의 개념이 명확한데, '안, 내부(나를 포함한 우리 안의 범위)'

에 속하는 인물에 대해서는 높임말을 쓰지 않는 것이 기본이다.

일본어로 어떻게 표현할까요?

성격(性格)을 나타내는 말

착해요

やさしいです

부끄러움을 잘 타요

恥ずかしがりやです

성격이 급해요

短気です

느긋해요

気長です

버릇없어요

わがままです

시간 개념이 없어요

時間にルーズです

변덕스러워요

お天気やです

노력파예요

がんばりやです

자기방식대로예요

マイペースです

데루테루보즈 てるてるぼうず

데루테루보즈(てるてるぼうず)는 비가 자주 내리는 일본에서 비가 그치기를 바라며 처마 밑에 매달아 놓는 하얀 인형을 말한다. 맑은 날씨가 되기를 바라는 마음을 담아 매달아 둔다. 하얀 색 천에 눈사람의 머리 모양을 한 인형으로 눈만 그려 넣는데, 인형의 눈동자는 칠하지 않았다가 비가 그치면 눈동자를 그려 준다고 한다. 또한 눈 외에 얼굴의 코나 입을 자세히 그려 넣으면 오히려 비가 내린다고 하여 그려 넣지 않는다.

특히 소풍이나 운동회 전 날 비가 오면 처마 밑에 매달아 다음 날 비가 그치기를 기원하거나 긴 장마가 빨리 끝나기를 바라는 마음으로 처마 밑에 매달아 놓는다. 일본어로 「照る」는 '해가 비치다, (날이) 개다' 라는 뜻이고 「ぼうず」는 '절의 주지스님이나 스님처럼 빡빡 깎은 머리'를 말하는데 이런 모습을 빗대어 인형을 만들었다고 한다.

비와 관련한 표현 중의 하나로 우리가 흔히 '가는 곳마다 비를 몰고 다닌다'라는 말을 하기도 하는데, 일본어로 비를 몰고 다니는 남자를 가리켜 「雨男」라고 하고 여자의 경우는 「雨女」라고 표현한다.

09

朝
あさ
はいつも
パンを食
た
べます。

아침은 언제나 빵을 먹습니다.

 주요 학습 내용

동사의 종류와 ます형을 익히고 긍정, 부정, 과거,
과거부정형의 문형을 학습해 봅시다.

- 朝はいつもパンを食べます。

  아침에는 항상 빵을 먹습니다.

- バスで学校へ行きます。

  버스로 학교에 갑니다.

- 図書館で日本語の勉強をします。

  도서관에서 일본어 공부를 합니다.

- いつ帰りますか。

  언제 돌아옵니까?

- 今朝は7時に起きました。

  오늘 아침은 7시에 일어났습니다.

 단어와 표현

朝 아침 | いつも 항상, 언제나 | 食べる 먹다 | ～へ ～에 | 行く 가다 | 勉強 공부 | する 하다 | 帰る 돌아가(오)다
| 今朝 오늘 아침 | 起きる 일어나다

문법 노트

🔔 동사의 종류

1그룹 (＝5단동사)	* う・く・ぐ・す・つ・ぬ・ぶ・む・る로 끝나는 동사 * 2그룹 동사와 불규칙 동사를 제외한 동사 　예 会_あう・行_いく・話_{はな}す…
2그룹 (＝1단동사)	* 어미가 る로 끝나고 る앞 음이 い단 또는 え단 글자인 동사 　→ [い단+る] 　起_おきる・見_みる… 　　[え단+る] 　食_たべる・寝_ねる…
3그룹 (불규칙동사)	* する・来_くる 단 2개 뿐
▷ 예외 동사 : 2그룹의 형태를 하고 있으나, 1그룹으로 분류되는 동사 　　帰_{かえ}る・入_{はい}る・走_{はし}る…	

✍️ **단어와 표현** -

入_{はい}る 들어가(오)다 ｜ 走_{はし}る 달리다

🔔 동사 ます형 만드는 법

동사의 종류	기본형	～ます형 만들기		
1그룹	会^あう 만나다	う → い	어미 う단을 い단으로 바꾸고 ます 접속	会^あいます 만납니다
	行^いく 가다	く → き		行^いきます 갑니다
	泳^{およ}ぐ 헤엄치다	ぐ → ぎ		泳^{およ}ぎます 헤엄칩니다
	話^{はな}す 이야기하다	す → し		話^{はな}します 이야기합니다
	待^まつ 기다리다	つ → ち		待^まちます 기다립니다
	死^しぬ 죽다	ぬ → に		死^しにます 죽습니다
	遊^{あそ}ぶ 놀다	ぶ → び		遊^{あそ}びます 놉니다
	飲^のむ 마시다	む → み		飲^のみます 마십니다
	帰^{かえ}る 돌아가(오)다	る → り		帰^{かえ}ります 돌아갑(옵)니다
2그룹	見^みる 보다	어미 る를 떼어 내고 ます 접속		見^みます 봅니다
	起^おきる 일어나다			起^おきます 일어납니다
	食^たべる 먹다			食^たべます 먹습니다
	寝^ねる 자다			寝^ねます 잡니다
3그룹	する 하다	불규칙 형태에 주의!		します 합니다
	来^くる 오다			来^きます 옵니다

문법 노트

① 〜ます(か) 〜입니다 (〜입니까?)

● 毎朝、ジュースを飲みます。

● 朝、7時ごろ起きます。

● 時々、運動しますか。

② 〜ません 〜지 않습니다

● お腹が痛いから、今日は何も食べません。

● この時計は高いから買いません。

● A: 何をしますか。　　　　　　　B: 何もしません。

③ 〜ました 〜었습니다 / 〜ませんでした 〜지 않았습니다

● お酒を飲みました。

● 駅の前で1時間も待ちました。

● A: 昨日、テレビを見ましたか。　　B: はい、見ました。

　　　　　　　　　　　　　　　　　　いいえ、見ませんでした。

📖 단어와 표현 -

毎朝 매일 아침 | ジュース 주스 ∥ 飲む 마시다 | 朝 아침 | 〜ごろ 〜경, 쯤 | 起きる 일어나다 | 時々 가끔,

때때로 | 運動 운동 | お腹 배 | 痛い 아프다 | 〜から 〜라서(원인, 이유) | 何も 아무것도 | 買う 사다 | する

하다 | お酒 술 | 駅 역 | 〜も 〜이나 | 待つ 기다리다

④ ～へ ～에(으로) 장소, 방향

- 冬休みに日本へ行きます。
- どちらへ行きますか。

⑤ ～で ～에서 장소 / ～로 수단, 방법 / ～때문에 원인, 이유

- 会社で働きます。
- 学校にはバスで行きます。
- 風邪で休みます。

⑥ ～から ～이기 때문에, ～라서 원인, 이유

- 明日は山に登るから、早く寝ます。
- かばんはたくさんあるから、もう買いません。

📖 **단어와 표현** -

冬休み 겨울방학 | 行く 가다 | 働く 일하다 | バス 버스 | 風邪 감기 | 休む 쉬다 | 山 산 | 登る 오르다, 등산
하다 | 早く 일찍, 빨리 | もう 이제

연습 문제

1 동사 ます형 활용을 연습해 봅시다.

기본형	뜻	긍정 (공손형)	부정 (공손형)
買う	사다	買います	買いません
聞く	듣다		
話す	이야기하다		
帰る	돌아가(오)다		
洗う	씻다		
飛ぶ	날다		
読む	읽다		
乗る	타다		
遊ぶ	놀다		
書く	쓰다, 적다		
降る	(비·눈) 내리다		
入る	들어가(오)다		
来る	오다		
立つ	서다		
する	하다		
会う	만나다		
飲む	마시다		
要る	필요하다		
ある	있다(사물·식물)		
いる	있다(사람·동물)		

2 보기를 참고하여 대화를 완성해 보세요.

보기

[日曜日にテレビを見る]

A: 日曜日にテレビを<u>見ますか。</u>

B: はい、<u>見ます。</u>

いいえ、<u>見ません。</u>

① [地下鉄に乗る]

A: 地下鉄に＿＿＿＿＿＿＿＿＿＿＿＿

B: はい、＿＿＿＿＿＿＿＿＿＿＿＿

いいえ、＿＿＿＿＿＿＿＿＿＿＿

② [日本語の本を読む]

A: 日本語の本を＿＿＿＿＿＿＿＿＿＿

B: はい、＿＿＿＿＿＿＿＿＿＿＿＿

いいえ、＿＿＿＿＿＿＿＿＿＿＿

③ [毎日、運動をする]

A: 毎日、運動を＿＿＿＿＿＿＿＿＿＿

B: はい、＿＿＿＿＿＿＿＿＿＿＿＿

いいえ、＿＿＿＿＿＿＿＿＿＿＿

📖 단어와 표현 -

テレビ 텔레비전 | 読む 읽다 | ～に乗る ～을(를) 타다

연습 문제

3 보기를 참고하여 대화를 완성해 보세요.

보기

[お酒を飲む]

A: お酒を飲みましたか。

B: はい、飲みました。

いいえ、飲みませんでした。

[デパートで買い物をする]

① A: デパートで買い物を＿＿＿＿＿＿＿＿＿＿＿

B: はい、＿＿＿＿＿＿＿＿＿＿＿＿＿＿

いいえ、＿＿＿＿＿＿＿＿＿＿＿＿

[日本語で話す]

② A: 日本語で＿＿＿＿＿＿＿＿＿＿＿＿

B: はい、＿＿＿＿＿＿＿＿＿＿＿＿＿

いいえ、＿＿＿＿＿＿＿＿＿＿＿＿

[音楽を聞く]

③ A: 音楽を＿＿＿＿＿＿＿＿＿＿＿＿＿

B: はい、＿＿＿＿＿＿＿＿＿＿＿＿＿

いいえ、＿＿＿＿＿＿＿＿＿＿＿＿

📖 **단어와 표현**

デパート 백화점 | 買い物 쇼핑, 장보기 | 音楽 음악 | 聞く 듣다

4 밑줄에 들어갈 알맞은 조사를 보기에서 고르세요. (중복·복수 선택 가능)

> 보기　は、へ、を、の、で、から、に、が、と、まで

① 朝＿＿＿＿いつもパン＿＿＿＿食べます。

② キッチン＿＿＿＿料理をします。

③ 日本人＿＿＿＿先生＿＿＿＿日本語＿＿＿＿話します。

④ 友だち＿＿＿＿映画＿＿＿＿見ます。

5 다음을 일본어로 쓰세요.

① 일요일에는 친구를(와) 만납니다.

→ ＿＿＿＿＿＿＿＿＿＿＿＿＿＿＿＿＿＿＿＿＿＿＿＿＿＿＿＿

② 도서관에서 일본어 공부를 합니다.

→ ＿＿＿＿＿＿＿＿＿＿＿＿＿＿＿＿＿＿＿＿＿＿＿＿＿＿＿＿

③ 기무라 씨는 언제 옵니까?

→ ＿＿＿＿＿＿＿＿＿＿＿＿＿＿＿＿＿＿＿＿＿＿＿＿＿＿＿＿

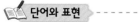 단어와 표현 -

キッチン 키친, 주방

회화

학교 복도에서 🎧 Track 57

鈴木

イさんは何時ごろ起きますか。

イ

たいてい8時ごろ起きます。

鈴木

朝ごはんは食べますか。

イ

いいえ、ほとんど食べません。

朝はいつも牛乳しか飲みません。

鈴木

今朝も牛乳を飲みましたか。

イ

はい、飲みました。今朝はパンも食べました。

📖 **단어와 표현** -

たいてい 대개 │ 朝ごはん 아침 밥 │ ほとんど 거의, 대부분 │ 食べる 먹다 │ 牛乳 우유

126

포인트 체크

동사 기본형과 ます형 접속에 대해 다시 한 번 체크해 보자.

☑ 동사의 기본형은 う단 글자로 끝나며, 활용 형식에 따라 1그룹, 2그룹, 3그룹으로 나뉜다.

☑ 1그룹 동사는 어미 う단을 い단으로 바꿔 「ます」를 접속하고, 2그룹 동사는 어미 「る」를 떼고 「ます」를 접속한다. 3그룹 동사는 불규칙동사로 「する, 来る」 2개뿐이니 ます접속에 주의하도록 하자.

☑ 공손한 긍정일 때는 「～ます」를, 부정일 때는 「～ません」을 붙인다.
- 行く：行きます ↔ 行きません   ● 食べる：食べます ↔ 食べません
- する：します ↔ しません ／ 来る：来ます ↔ 来ません

☑ 공손한 과거 긍정일 때는 「～ました」를, 과거 부정일 때는 「～ませんでした」를 붙인다.
- 買う：買いました ↔ 買いませんでした

☑ 동사 문형에서의 다양한 조사 쓰임도 다시 한 번 확인하자.

일본어로 어떻게 표현할까요?

오전 일과(日課)를 말해 봅시다.　　　　　　　Track 58

7시에 일어나요
7時に起きます

샤워를 해요
シャワーをします

빵을 먹어요
パンを食べます

코코아도 마셔요
ココアも飲みます

옷을 입어요
服を着ます

9시쯤 집을 나와요
9時ごろ家を出ます

버스로 학교에 가요
バスで学校へ行きます

수업을 들어요
授業を受けます

일본어도 배워요
日本語も習います

ありがとう

スキ

일본 문화 즐기기

마네키네코 招き猫

마네키네코(招き猫)는 일본 식당이나 카운터에서 쉽게 볼 수 있는 앞발로 사람을 부르는 모양을 한 고양이 장식물을 말한다. 일본의 길조를 부르는 물건 중 하나로 주로 상가에 장식해서 번창을 기원한다. '마네키(招き)'는 '손짓하여 부름', '네코(猫)'는 '고양이'라는 의미이다.

오른손을 들고 있는 고양이는 '돈(금전운)'을 부르고, 왼손을 들고 있는 고양이는 많은 '고객(손님)'을 부르는 의미라고 한다. 가끔 양손을 들고 있는 고양이 인형도 있는데 이것은 금전과 고객을 동시에 부른다는 의미도 있지만, 욕심이 많다는 의미에서 별로 좋아하지 않는 일본인들도 있다.

마네키네코의 색은 일반적으로 흰색, 갈색, 검정색으로 이루어진 '미케네코(三毛猫)'가 일반적이다. 최근에는 다양한 색을 가진 마네키네코도 판매되고 있어 각각의 색이 가지는 상징적인 의미를 담아 선물로 주고받기도 한다.

다음과 같이 색깔마다 나타내는 의미도 다양하다.

흰색(白色)	청결, 순수, 기운 상승	금색(金色)	돈, 재물, 번영을 상징
빨간색(赤色)	병, 재난 등을 막아줌	파란색(青色)	학업 향상, 교통 안전
검정색(黒色)	액막이, 액운	분홍색(ピンク色)	연애, 사랑

10

一緒にお茶を飲みませんか。

いっしょ ちゃ の

함께 차를 마시지 않을래요?

주요 학습 내용

동사 ます형이 쓰이는 주요 문형을 익히고

권유, 청유, 목적, 동시동작 등의 문형을 학습해 봅시다.

📱 포인트 문형

이번 과에서 배울 주요 문형입니다. 어떤 내용인지 먼저 잘 들어 보세요.

- **A** そろそろ帰りましょうか。
  슬슬 돌아갈까요?

- **B** はい、帰りましょう。
  네, 돌아갑시다.

- 一緒にお茶を飲みませんか。
  함께 차를 마시지 않을래요?

- 図書館へ勉強しに行きます。
  도서관에 공부하러 갑니다.

- 買い物に行きます。
  쇼핑하러 갑니다.

- テレビを見ながらご飯を食べます。
  텔레비전을 보면서 밥을 먹습니다.

📖 **단어와 표현**

そろそろ (이제) 슬슬 | 帰る 돌아가(오)다 | お茶 차 | 飲む 마시다 | 買い物 쇼핑, 장보기 | 勉強する 공부하다 |
テレビ 텔레비전 | ご飯 밥

문법 노트

Track 60

① ～ましょう ～합시다 청유

- 明日は日本語のテストですね。一緒に頑張りましょう。
- そろそろ会議を始めましょう。
- A: 何を食べましょうか。

  B: トンカツにしましょう。

② ～ませんか ～지 않을래요? 권유

- 一緒に運動しませんか。
- コーヒー1杯飲みませんか。
- A: 土曜日に映画でも見ませんか。

  B: はい、見ましょう。 / すみません、土曜日はちょっと…

頑張る 노력하다, 분발하다 | 会議 회의 | 始める 시작하다 | トンカツ 돈가스 | 週末 주말 | 映画 영화 |

運動 운동 | 1杯 한 잔

③ 동사ます형＋に(行く) / 동작성 명사＋に(行く) ～하러 (가다) 목적

● お寿司を食べに行きます。

● お酒を飲みに行きます。

● デパートへ買い物に行きます。

● 休みの日はジムへ運動に行きます。

● A: 木村さん、どこへ行きますか。
　　B: 図書館へ本を借りに行きます。

④ 동사ます형＋ながら ～면서 동시 동작

● 音楽を聞きながらコーヒーを飲みます。

● 友だちと食事しながら話します。

● 日本で働きながら勉強します。

 단어와 표현 -

寿司 스시(초밥) ｜ ジム 체육관 ｜ 借りる 빌리다 ｜ 食事する 식사하다 ｜ 働く 일하다

연습 문제

1 보기를 참고하여 대화를 완성해 보세요.

보기

[今晩、カラオケに行く]

A: 今晩、カラオケに行きませんか。

B: いいですね、行きましょう。

　　すみません、今晩はちょっと。

① [ここで写真をとる]

A: _____　　B: いいですね、_____

② [お昼はカレーを食べる]

A: _____　　B: いいですね、_____

③ [明日、一緒に買い物する]

A: _____　　B: すみません、_____

2 보기를 참고하여 문장을 완성해 보세요.

보기　[カラオケ / 歌を歌う] → カラオケへ歌を歌いに行きます。

① [映画館 / 友だちと映画を見る]

→ _____

② [コンビニ / おにぎりとラーメンを買う]

→ _____

📖 **단어와 표현**

今晩 오늘 밤 ｜ カラオケ 노래방 ｜ 写真をとる 사진을 찍다 ｜ カレー 카레 ｜ 映画館 영화관 ｜ 公園 공원 ｜
散歩する 산책하다 ｜ お菓子 과자 ｜ 漫画 만화 ｜ 先輩 선배 ｜ 話す 이야기하다 ｜ ジョギング 조깅

134

③
　　[公園 / 散歩する]

　→ _____

3 보기를 참고하여 문장을 완성해 보세요.

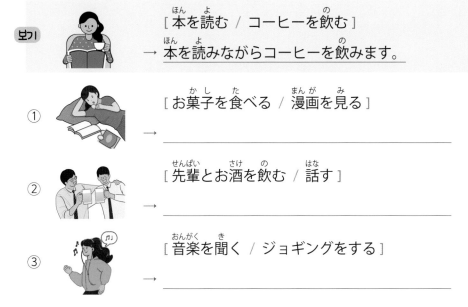

보기
[本を読む / コーヒーを飲む]
→ 本を読みながらコーヒーを飲みます。

① [お菓子を食べる / 漫画を見る]
→ _____

② [先輩とお酒を飲む / 話す]
→ _____

③ [音楽を聞く / ジョギングをする]
→ _____

4 다음을 일본어로 쓰세요.

① 내일은 엄마와 함께 쇼핑하러 갑니다.

→ _____

② 오늘 저녁에 콘서트 가지 않을래요?

→ _____

③ 밥을 먹으면서 텔레비전을 봅니다.

→ _____

회화

거리에서 🎧 Track 61

木村 あ、パクさん、どこへ行きますか。

パク お寿司を食べに行きます。一緒に行きませんか。

木村 いいですね。どこの寿司屋がおいしいですか。

パク この近くに新しい回転寿司屋ができましたから、

そこへ行きましょう。

木村 よかったら、お寿司を食べながらビールも

1杯飲みませんか。

パク ええ、そうしましょう。今日は私がおごります。

木村 わあ、ありがとうございます。

📖 **단어와 표현**

寿司屋 초밥집 | 辺り 근처, 주변 | 新しい 새롭다 | 回転寿司屋 회전초밥집 | できる 생기다 | おごる 한턱내다

동사 ます형에 연결되어 쓰이는 여러 표현을 다시 한 번 체크해 보자.

☑ 「～ませんか」는 상대에게 무엇인가를 권유하거나 제안하는 표현이며, 우리말의 '～하지 않겠습니까(～지 않을래요)?'에 해당한다.

☑ 「～ましょう(か)」는 상대에게 적극적으로 무엇인가를 제안 또는 청유하는 표현으로 우리말로 '～합시다(～할까요?)'에 해당한다. 청유에 적극적으로 응답할 때도 쓴다.

☑ 「～に(行く)」는 '～하러 (가다)'의 의미로 「～に」는 동사 ます형에 접속하여 '목적'을 나타낸다. 목적의 「～に」 뒤에는 주로 '行く(가다), 来る(오다), 帰る(돌아가(오)다), 出かける(외출하다), 出る(나가다), 入る(들어가(오)다)'등과 같은 소위 '이동 동사'가 뒤따른다.

☑ 「～ながら」는 두 가지 행위를 동시에 하는 의미를 나타내는 표현으로 우리말의 '～하면서'에 해당한다.

일본어로 어떻게 표현할까요?

인터넷(インターネット), 휴대 전화(ケータイ)와 관련한 말

Track 62

홈페이지 ホームページ	네티즌 ネチズン(ネット市民)	스팸메일 迷惑メール

검색 検索	게임 ゲーム	모니터 モニター

전화번호 電話番号	진동모드 マナーモード	충전 充電

일본의 대표 음식 스시 寿司

일본인들이 즐겨먹는 대표 음식의 하나인 '스시(寿司)'는 원래 'す(식초)'와 'めし(밥)'가 합쳐진 말이다. 스시는 밥에 식초, 미림, 소금 등으로 맛을 내어서 주먹으로 쥐어 작게 만든 밥 위에 여러 종류의 생선 살을 얹어 만든 것으로, 우리말로는 '초밥'이라고 한다.

밥 위에 얹는 생선 종류로는, 'たい(도미), いか(오징어), うなぎ(장어), ひらめ(광어), えび(새우), あわび (전복), うに(성게), さば(고등어), サーモン(연어), まぐろ(참치), ほたて(가리비)' 등이 있다.
스시의 종류로는 다음과 같은 것들이 있다.

니기리즈시 握り寿司
우리가 흔히 떠올리는 초밥 형태로, 손으로 쥐어 만든 밥 위에 생선 살을 얹어서 만든 초밥이다.

지라시즈시 散らし寿司
밥을 그릇에 담고 그 위에 다양한 생선 살과 채소를 얹어서 먹는 초밥이다.

이나리즈시 いなり寿司
간장, 설탕 등으로 조린 유부 속에 밥을 채워 만든 유부초밥이다.

하코즈시 箱寿司
일정한 틀 모양에 밥을 넣고 해산물을 얹어 압력을 가해 눌러 만든 초밥으로, 오시즈시 (押し寿司、おしずし)라고도 한다.

💡 **TIP** 관련 용어

寿司屋 : 초밥집(초밥가게) | 回転寿司 : 회전초밥 | 出前寿司 : 스시를 주문, 배달하는 것
ネタ : 스시 위에 올리는 생선회 종류 | ガリ : 스시와 함께 딸려 나오는 초절임 생강

부록

문법 요약 노트

1. 품사별 활용표

명사	긍정	부정	과거	과거 부정
	〜です	〜ではありません 〜じゃありません	〜でした	〜ではありませんでした 〜じゃありませんでした
	〜입니다	〜이/가 아닙니다	〜었습니다	〜이/가 아니었습니다
<ruby>学生<rt>がくせい</rt></ruby>	<ruby>学生<rt>がくせい</rt></ruby>です	<ruby>学生<rt>がくせい</rt></ruby>ではありません <ruby>学生<rt>がくせい</rt></ruby>じゃありません	<ruby>学生<rt>がくせい</rt></ruby>でした	<ruby>学生<rt>がくせい</rt></ruby>ではありませんでした <ruby>学生<rt>がくせい</rt></ruby>じゃありませんでした
<ruby>先生<rt>せんせい</rt></ruby>	<ruby>先生<rt>せんせい</rt></ruby>です	<ruby>先生<rt>せんせい</rt></ruby>ではありません <ruby>先生<rt>せんせい</rt></ruby>じゃありません	<ruby>先生<rt>せんせい</rt></ruby>でした	<ruby>先生<rt>せんせい</rt></ruby>ではありませんでした <ruby>先生<rt>せんせい</rt></ruby>じゃありませんでした
<ruby>会社員<rt>かいしゃいん</rt></ruby>	<ruby>会社員<rt>かいしゃいん</rt></ruby>です	<ruby>会社員<rt>かいしゃいん</rt></ruby>ではありません <ruby>会社員<rt>かいしゃいん</rt></ruby>じゃありません	<ruby>会社員<rt>かいしゃいん</rt></ruby>でした	<ruby>会社員<rt>かいしゃいん</rt></ruby>ではありませんでした <ruby>会社員<rt>かいしゃいん</rt></ruby>じゃありませんでした
<ruby>韓国人<rt>かんこくじん</rt></ruby>	<ruby>韓国人<rt>かんこくじん</rt></ruby>です	<ruby>韓国人<rt>かんこくじん</rt></ruby>ではありません <ruby>韓国人<rt>かんこくじん</rt></ruby>じゃありません	<ruby>韓国人<rt>かんこくじん</rt></ruby>でした	<ruby>韓国人<rt>かんこくじん</rt></ruby>ではありませんでした <ruby>韓国人<rt>かんこくじん</rt></ruby>じゃありませんでした
<ruby>日本人<rt>にほんじん</rt></ruby>	<ruby>日本人<rt>にほんじん</rt></ruby>です	<ruby>日本人<rt>にほんじん</rt></ruby>ではありません <ruby>日本人<rt>にほんじん</rt></ruby>じゃありません	<ruby>日本人<rt>にほんじん</rt></ruby>でした	<ruby>日本人<rt>にほんじん</rt></ruby>ではありませんでした <ruby>日本人<rt>にほんじん</rt></ruby>じゃありませんでした

な형용사	긍정 ~です ~(ㅂ)니다	부정 ~ではありません ~じゃありません ~지 않습니다	과거 ~でした ~었습니다	과거 부정 ~ではありませんでした ~じゃありませんでした ~지 않았습니다
好きだ	好きです	好きではありません 好きじゃありません	好きでした	好きではありませんでした 好きじゃありませんでした
上手だ	上手です	上手ではありません 上手じゃありません	上手でした	上手ではありませんでした 上手じゃありませんでした
親切だ	親切です	親切ではありません 親切じゃありません	親切でした	親切ではありませんでした 親切じゃありませんでした
有名だ	有名です	有名ではありません 有名じゃありません	有名でした	有名ではありませんでした 有名じゃありませんでした
静かだ	静かです	静かではありません 静かじゃありません	静かでした	静かではありませんでした 静かじゃありませんでした

문법 요약 노트

い형용사	긍정	부정	과거	과거 부정
	〜です	〜くありません 〜くないです	〜かったです	〜くありませんでした 〜くなかったです
	〜(ㅂ)니다	〜지 않습니다	〜었습니다	〜지 않았습니다
おいしい	おいしいです	おいしくありません おいしくないです	おいしかったです	おいしくありませんでした おいしくなかったです
安<ruby>い<rt>やす</rt></ruby>	安いです	安くありません 安くないです	安かったです	安くありませんでした 安くなかったです
甘<ruby>い<rt>あま</rt></ruby>	甘いです	甘くありません 甘くないです	甘かったです	甘くありませんでした 甘くなかったです
忙<ruby>しい<rt>いそが</rt></ruby>	忙しいです	忙しくありません 忙しくないです	忙しかったです	忙しくありませんでした 忙しくなかったです
辛<ruby>い<rt>から</rt></ruby>	辛いです	辛くありません 辛くないです	辛かったです	辛くありませんでした 辛くなかったです

동사		긍정 〜ます 〜입니다	부정 〜ません 〜지 않습니다	과거 〜ました 〜었습니다	과거 부정 〜ませんでした 〜지 않았습니다
1그룹	会_あう	会います	会いません	会いました	会いませんでした
	飲_のむ	飲みます	飲みません	飲みました	飲みませんでした
	遊_{あそ}ぶ	遊びます	遊びません	遊びました	遊びませんでした
	話_{はな}す	話します	話しません	話しました	話しませんでした
	行_いく	行きます	行きません	行きました	行きませんでした
2그룹	見_みる	見ます	見ません	見ました	見ませんでした
	食_たべる	食べます	食べません	食べました	食べませんでした
	起_おきる	起きます	起きません	起きました	起きませんでした
	寝_ねる	寝ます	寝ません	寝ました	寝ませんでした
	始_{はじ}める	始めます	始めません	始めました	始めませんでした
3그룹	する	します	しません	しました	しませんでした
	来_くる	来_きます	来_きません	来_きました	来_きませんでした

문법 요약 노트

동사	권유, 청유			동시 동작
	～ませんか	～ましょう	～ましょうか	～ながら
	～지 않을래요?	～합시다	～할까요?	～면서
1그룹 会う	会いませんか	会いましょう	会いましょうか	会いながら
飲む	飲みませんか	飲みましょう	飲みましょうか	飲みながら
遊ぶ	遊びませんか	遊びましょう	遊びましょうか	遊びながら
話す	話しませんか	話しましょう	話しましょうか	話しながら
行く	行きませんか	行きましょう	行きましょうか	行きながら
2그룹 見る	見ませんか	見ましょう	見ましょうか	見ながら
食べる	食べませんか	食べましょう	食べましょうか	食べながら
起きる	起きませんか	起きましょう	起きましょうか	起きながら
寝る	寝ませんか	寝ましょう	寝ましょうか	寝ながら
始める	始めませんか	始めましょう	始めましょうか	始めながら
3그룹 する	しませんか	しましょう	しましょうか	しながら
来る	来ませんか	来ましょう	来ましょうか	来ながら

146

2. 조사

조사	의미	예문
は	~은/는	私は学生です。
が	~이/가	天気がいいです。
を	~을/를	コーヒーをください。
も	~도	私も学生です。
の	~의 ~의 것	これは日本語の本です。 これはだれのですか。
で	~에서 (장소) ~로 (수단, 방법) ~때문에 (원인,이유)	会社で働きます。 バスで行きます。 風邪で休みます。
へ	~에,~으로 (장소, 방향)	日本へ行きます。
に	~에 (때) ~에게 ~에 (장소) ~하러 (목적)	日曜日にテレビを見ます。 友だちに電話します。 どこにありますか。 お寿司を食べに行きます。
から	~기 때문에	かばんがたくさんあるから、もう買いません。
~から~まで	~부터 ~까지	映画は何時から何時までですか。

연습 문제 정답

01

인사말 연습

① おはようございます。

② こんばんは。

③ ごちそうさまでした。

④ いってらっしゃい。

⑤ どうぞ。

⑥ では、また。
(それじゃ / じゃあね / バイバイ 등)

⑦ おめでとうございます。

⑧ すみません。

⑨ おやすみなさい。

⑩ こんにちは。

⑪ すみません。

⑫ おかえり(なさい)。

02

1.

① 中村さんは先輩です。

② 友だちは日本人です。

③ 彼女は先生です。

2.

① 中国人ではありません。

② 会社員ではありません。

③ 4年生ではありません。

3.

① はじめまして。
私はパクです。韓国人です。

大学3年生で、専攻は日本語です。
どうぞよろしくお願いします。

② はじめまして。
私は佐藤です。日本人です。
大学2年生で、専攻は音楽です。
どうぞよろしくお願いします。

③ はじめまして。
私はスミスです。アメリカ人です。
大学4年生で、専攻は中国語です。
どうぞよろしくお願いします。

4.

① 私は大学4年生です。

② こちらは私の友だちです。

③ こちらこそよろしくお願いします。

03

1.

① A: これは何ですか。

B: それはケータイです。

② A: それは何ですか。

B: これはボールペンです。

③ A: あれは何ですか。

B: あれは机です。

2.

① A: 教室はどこですか。

B: 教室はここです。

② A: トイレはどこですか。

B: トイレはそこです。

③ A: 図書館はどこですか。

B: 図書館はあそこです。

3.

① A: このスマートフォンはだれのですか。
　B: 木村さんのです。
② A: そのかばんはだれのですか。
　B: 私の先生のです。
③ A: あの靴はだれのですか
　B: ハンさんのです。

4.

① 私の傘はあれです。
② 学校は本屋の隣です。
③ それは何ですか。
　これは日本語の本です。

04

1.

① A: この傘はいくらですか。
　B: さんぜんさんびゃくえんです。
② A: あのかばんはいくらですか。
　B: いちまんごせんウォンです。
③ A: りんごはいくらですか。
　B: にひゃくえんです。

2.

① しちじ よんじゅう ごふんです。
② じゅういちじ にじゅっぷんからです。
③ じゅうにじ さんじゅっぷんからです。/
　じゅうにじ はんからです。

3.

① ふたつください。
② みっつください。
③ よっつください。

4.

① 日本語の授業は朝１０時半からです。
② 昼休みは午後２時までです。
③ このりんごはふたつでごひゃくえんです。

05

1.

① 来週の水曜日です。
② ６月２日です。
③ ３月３日です。

2.

① 土曜日です。
② ２時からです。
③ ５月１４日から１６日までです。
④ ５月８日です。

3.

① 休みでした。
② 金曜日でした。
③ ４月でした。

4.

① 夏休みは７月１０日からです。
② 来週の水曜日は鈴木さんの誕生日です。
③ 昨日はバイトでした。

06

1.

기본형	뜻	긍정(공손형)	부정(공손형)
大きい	크다	大きいです	大きくありません (＝大きくないです)
小さい	작다	小さいです	小さくありません (＝小さくないです)
高い	비싸다, 높다	高いです	高くありません (＝高くないです)
安い	싸다	安いです	安くありません (＝安くないです)
暑い	덥다	暑いです	暑くありません (＝暑くないです)
寒い	춥다	寒いです	寒くありません (＝寒くないです)
難しい	어렵다	難しいです	難しくありません (＝難しくないです)
易しい	쉽다	易しいです	易しくありません (＝易しくないです)
忙しい	바쁘다	忙しいです	忙しくありません (＝忙しくないです)
甘い	달다	甘いです	甘くありません (＝甘くないです)
いい	좋다	いいです	よくありません (＝よくないです)
近い	가깝다	近いです	近くありません (＝近くないです)
涼しい	선선하다	涼しいです	涼しくありません (＝涼しくないです)
辛い	맵다	辛いです	辛くありません (＝辛くないです)
おいしい	맛있다	おいしいです	おいしくありません (＝おいしくないです)
面白い	재미있다	面白いです	面白くありません (＝面白くないです)
楽しい	즐겁다	楽しいです	楽しくありません (＝楽しくないです)
かわいい	귀엽다	かわいいです	かわいくありません (＝かわいくないです)

2.

① 近くありません。
② 寒くありません。
③ 辛くありません。

3.

① 安い時計です。
② 甘いアイスクリームです。
③ 面白いアニメです。

4.

① このコーヒーは甘くておいしいです。

② 私の部屋は明るくて広いです。

③ 今日は天気がよくて気持がいいです。

5.

① 今日はとても忙しいです。

② 秋風は涼しくて気持がいいです。

③ かわいい犬と猫

07

1.

기본형	뜻	긍정(공손형)	부정(공손형)
好きだ	좋아하다	好きです	好きではありません
嫌いだ	싫어하다	嫌いです	嫌いではありません
親切だ	친절하다	親切です	親切ではありません
すてきだ	멋지다	すてきです	すてきではありません
便利だ	편리하다	便利です	便利ではありません
上手だ	잘 하다	上手です	上手ではありません
下手だ	잘 못하다	下手です	下手ではありません
得意だ	자신 있다	得意です	得意ではありません
苦手だ	서투르다	苦手です	苦手ではありません
静かだ	조용하다	静かです	静かではありません
にぎやかだ	번화하다, 북적이다	にぎやかです	にぎやかではありません
同じだ	같다, 동일하다	同じです	同じではありません
ハンサムだ	핸섬하다, 잘생기다	ハンサムです	ハンサムではありません
まじめだ	성실하다	まじめです	まじめではありません
元気だ	건강하다	元気です	元気ではありません
有名だ	유명하다	有名です	有名ではありません
暇だ	한가하다	暇です	暇ではありません
きれいだ	예쁘다, 깨끗하다	きれいです	きれいではありません

연습 문제 정답

2.

① A: 日本語は上手ですか。
　 B: 上手ではありません。
② A: あしたは暇ですか。
　 B: 暇ではありません。
③ A: 公園はにぎやかですか。
　 B: にぎやかではありません。

3.

① にぎやかなところです。
② 楽な椅子です。
③ まじめな学生です。

4.

① あの店はきれいで親切です。
② 地下鉄は便利で安全です。
③ あの歌手は歌も上手で有名です。

5.

① とてもまじめな人ですね。
② ここはとても有名なところです。
③ サッカーは下手ですが、好きです。

08

1.

① カフェは郵便局の隣にあります。
② ケータイはテーブルの上にあります。
③ 先生は学生たちの後ろにいます。

2.

① ノートパソコンの横にあります。 /
　 机の上にあります。
② ベッドの上にあります。 /
　 かばんの中にあります。
③ 机の下にいます。 / 椅子の横にいます。

3.

자유롭게 답변하기

4.

① トイレは店の外にあります。
② 田中さんはコンビニの前にいます。
③ 好きな歌手がいますか。

09

1.

기본형	뜻	긍정(공손형)	부정(공손형)
買う	사다	買います	買いません
聞く	듣다	聞きます	聞きません
話す	이야기하다	話します	話しません
帰る	돌아가(오)다	帰ります	帰りません

기본형	뜻	긍정(공손형)	부정(공손형)
洗う	씻다	洗います	洗いません
飛ぶ	날다	飛びます	飛びません
読む	읽다	読みます	読みません
乗る	타다	乗ります	乗りません
遊ぶ	놀다	遊びます	遊びません
書く	쓰다, 적다	書きます	書きません
降る	(비·눈) 내리다	降ります	降りません
入る	들어가(오)다	入ります	入りません
来る	오다	来ます	来ません
立つ	서다	立ちます	立ちません
する	하다	します	しません
会う	만나다	会います	会いません
飲む	마시다	飲みます	飲みません
要る	필요하다	要ります	要りません
ある	있다(사물·식물)	あります	ありません
いる	있다(사람·동물)	います	いません

2.

① A: 乗りますか。
　B: 乗ります。
　　 乗りません。

② A: 読みますか。
　B: 読みます。
　　 読みません。

③ A: しますか。
　B: します。
　　 しません。

3.

① A: しましたか。
　B: しました。
　　 しませんでした。

② A: 話しましたか。

B: 話しました。

話しませんでした。

③ A: 聞きましたか。

B: 聞きました。

聞きませんでした。

4.

① は, を

② で

③ の, に/と, で

④ と, を

5.

① 日曜日は友だちに/と会います。

② 図書館で日本語の勉強をします。

③ 木村さんはいつ来ますか。

10

1.

① A: ここで写真をとりませんか。

B: とりましょう。

② A: お昼はカレーを食べませんか。

B: 食べましょう。

③ A: 明日、一緒に買い物しませんか。

B: 明日はちょっと。

2.

① 映画館へ友だちと映画を見に行きます。

② コンビニへおにぎりとラーメンを買い
に行きます。

③ 公園へ散歩に行きます。/
公園へ散歩しに行きます。

3.

① お菓子を食べながら漫画を見ます。

② 先輩とお酒を飲みながら話します。

③ 音楽を聞きながらジョギングをします。

4.

① 明日は母と一緒に買い物に行きます。

② 今晩、コンサートに行きませんか。

③ ご飯を食べながらテレビを見ます。

회화 해석

02 〈 거리에서 〉

처음 뵙겠습니다.

기무라 다나카 씨, 이쪽은 한유나 씨입니다.
한유나 씨는 한국인이고, 대학교 4학년입니다.

한유나 처음 뵙겠습니다. 한유나라고 합니다.
아무쪼록(부디) 잘 부탁드립니다.

다나카 처음 뵙겠습니다. 다나카입니다.
저(이쪽이)야 말로 잘 부탁드립니다.

한유나 저, 다나카 씨는 학생입니까?

다나카 아니요. 학생이 아닙니다.
회사원입니다.

03 〈 도서관에서 〉

이것은 일본어 책입니다.

한유나 그것은 무슨 책이에요?

기무라 이것은 일본어 책입니다.

한유나 기무라 씨 것입니까?

기무라 아니오. 제 것이 아닙니다. 김민수 씨 것입니다.

한유나 그 휴대 전화도 김민수 씨 것입니까?

기무라 네, 그렇습니다.

04 〈 가게에서 〉

이 주먹밥은 얼마예요?

점원 어서 오세요.

이우진 주먹밥은 얼마예요?

점원 하나에 150엔입니다.
오후 5시부터는 세 개에 400엔입니다.

이우진 아, 그래요? 그럼 세 개 주세요.

점원 네, 400엔입니다.

(1000엔을 받고) 600엔 거스름돈입니다.

이우진 이 가게는 몇 시까지입니까?

점원 7시 반까지입니다.

05 〈 강의실에서 〉

내 생일은 5월 5일입니다.

한유나 기말시험은 다음 주 수요일이에요?

사토 아니요, 기말시험은 이번 주 금요일이고, 6월 14일이에요.

한유나 어~, 6월 14일은 내 생일이에요.

사토 오~, 6월 14일이 한유나 씨 생일이에요?

한유나 네, 사토 씨 생일은 언제예요?

사토 실은 어제였습니다.

한유나 아, 정말이요? 축하해요.

06 〈 일본 라멘집에서 〉

이 라면 맛있네요.

다나카 박소윤 씨, 여기 라면 어때요?

박소윤 아주 맛있어요.

다나카 맵지 않아요? 저한테는 좀 매운데요…….

박소윤 그러네요, 조금 맵군요.
하지만 이 정도 매운 맛은 괜찮습니다.
한국 라면보다 맵지 않아요. 맛있어요.

다나카 다행이에요!

박소윤 여기 라면집은 메뉴도 많고 가격도 싸군요.

07 〈 캠퍼스에서 〉

친절하고 성실한 사람입니다.

사토 민수 씨, 좋아하는 음식은 무엇입니까?

김민수 우동입니다. 특히 일본 기쓰네우동을 아주 좋아합니다.

회화 해석

사토 아, 기쓰네우동, 저도 좋아해요.
정말로 맛있지요.

김민수 네, 그런데 사토 씨는 요리를 잘합니까?

사토 아니요, 별로 잘하지 않아요.
하지만, 좋아해요.

김민수 한국 요리는 무엇을 좋아합니까?

사토 김치찌개를 아주 좋아해요.

08 〈 캠퍼스에서 〉

스즈키 씨는 어디에 있습니까?

김민수 여보세요, 스즈키 씨, 지금 어디입니까?

스즈키 여동생과 함께 카페에 있어요.

김민수 아, 여동생 분도 같이 있어요? 어디 카페예요?

스즈키 우체국 옆에 꽃집이 있어요.
그 꽃집 2층 카페예요.

김민수 그래요? 카페에는 사람이 많이 있어요?

스즈키 아니요, 저와 여동생 두 명 밖에 없어요.

09 〈 학교 복도에서 〉

아침은 언제나 빵을 먹습니다.

스즈키 이우진 씨는 몇 시쯤 일어납니까?

이우진 대개 8시쯤 일어납니다.

스즈키 아침밥은 먹어요?

이우진 아니요, 거의 먹지 않습니다.
아침은 언제나 우유밖에 마시지 않습니다.

스즈키 오늘 아침에도 우유를 마셨어요?

이우진 네, 마셨어요. 오늘 아침에는 빵도 먹었습니다.

10 〈 거리에서 〉

함께 차를 마시지 않을래요?

기무라 아, 박소윤 씨, 어디에 갑니까?

박소윤 초밥을 먹으러 갑니다. 함께 가지 않을래요?

기무라 좋아요. 갑시다. 어디 초밥집이 맛있어요?

박소윤 이 근처에 새 회전초밥집이 생겼으니 거기로 갑시다.

기무라 괜찮으면 초밥 먹으면서 맥주도 한잔 마시지 않을래요?

박소윤 네, 그렇게 합시다. 오늘은 제가 한 턱 낼게요.

기무라 와~, 감사합니다.

색인

색인

색인

색인

162

저자　　**고은숙** 한국외국어대학교 대학원 일어일문학과 문학박사. 일본어학 전공

　　　　백이연 일본 お茶の水女子大学 人間文化研究科 문학박사. 일본어교육 전공

　　　　유혜경 고려대학교 대학원 비교문학 비교문화 협동 문학박사. 한일비교문학 전공

　　　　스미유리카(角ゆりか) 한국외국어대학교 대학원 일어일문학과 언어학박사. 일본어학 전공

야심만만 **일본어 기초** 다지기

초판발행	2021년 1월 15일
1판 5쇄	2024년 10월 10일

저자	고은숙, 백이연, 유혜경, 스미유리카(角ゆりか)
책임 편집	조은형, 김성은, 오은정, 무라야마 토시오
펴낸이	엄태상
디자인	공소라
조판	이서영
콘텐츠 제작	김선웅, 장형진
마케팅	이승욱, 왕성석, 노원준, 조성민, 이선민
경영기획	조성근, 최성훈, 김다미, 최수진, 오희연
물류	정종진, 윤덕현, 신승진, 구윤주

펴낸곳	시사일본어사(시사북스)
주소	서울시 종로구 자하문로 300 시사빌딩
주문 및 교재 문의	1588-1582
팩스	0502-989-9592
홈페이지	www.sisabooks.com
이메일	book_japanese@sisadream.com
등록일자	1977년 12월 24일
등록번호	제 300-2014-92호

ISBN 978-89-402-9306-5 (14730)
　　　978-89-402-9305-8 (set)

야루키
(や)(る)(き)

만만
(まん)(まん)

쓰기노트

STEP 1

시사일본어사

야심만만 **일본어** **기초** 다지기

쓰기노트

STEP 1

시사일본어사

히라가나 청음 あ행

あ	あ	あ	あ		

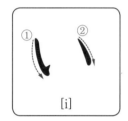

い	い	い	い		

う	う	う	う		

え	え	え	え		

お	お	お	お		

히라가나 청음 か행

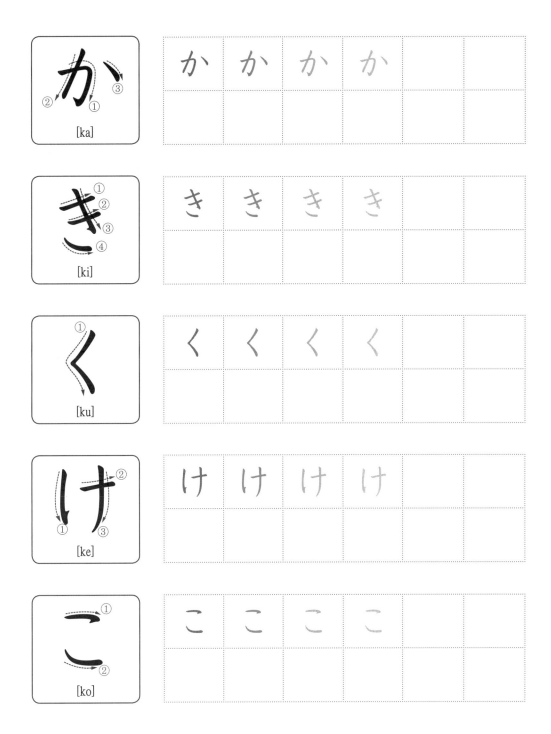

か [ka]	か	か	か	か		
き [ki]	き	き	き	き		
く [ku]	く	く	く	く		
け [ke]	け	け	け	け		
こ [ko]	こ	こ	こ	こ		

히라가나 청음 さ행

히라가나 청음 た행

た	た	た	た		

ち	ち	ち	ち		

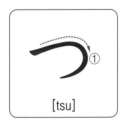

つ	つ	つ	つ		

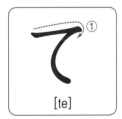

て	て	て	て		

と	と	と	と		

히라가나 청음 な행

な	な	な	な		

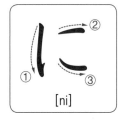

に	に	に	に		

ぬ	ぬ	ぬ	ぬ		

ね	ね	ね	ね		

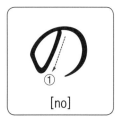

の	の	の	の		

히라가나 청음 は행

[ha]

は は は は

[hi]

ひ ひ ひ ひ

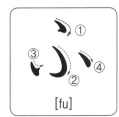
[fu]

ふ ふ ふ ふ

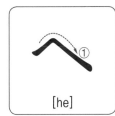
[he]

へ へ へ へ

[ho]

ほ ほ ほ ほ

히라가나 쓰기 연습

히라가나 청음 ま행

ま　ま　ま　ま

み　み　み　み

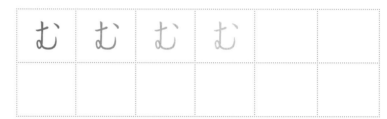

む　む　む　む

め　め　め　め

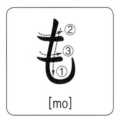

も　も　も　も

히라가나 청음 や행

や	や	や	や		

ゆ	ゆ	ゆ	ゆ		

よ	よ	よ	よ		

히라가나 쓰기 연습

히라가나 청음 ら행

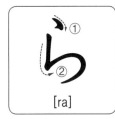

ら	ら	ら	ら		

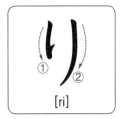

り	り	り	り		

る	る	る	る		

れ	れ	れ	れ		

ろ	ろ	ろ	ろ		

히라가나 청음 わ행・ん

わ	わ	わ	わ		

を	を	を	を		

ん	ん	ん	ん		

히라가나 쓰기 연습

히라가나 탁음 が행

が　が　が　が

ぎ　ぎ　ぎ　ぎ

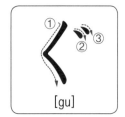

ぐ　ぐ　ぐ　ぐ

げ　げ　げ　げ

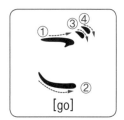

ご　ご　ご　ご

히라가나 탁음 ざ행

ざ	ざ	ざ	ざ		

じ	じ	じ	じ		

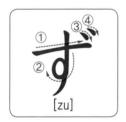

ず	ず	ず	ず		

ぜ	ぜ	ぜ	ぜ		

ぞ	ぞ	ぞ	ぞ		

히라가나 쓰기 연습

히라가나 탁음 だ행

だ	だ	だ	だ		

ぢ	ぢ	ぢ	ぢ		

づ	づ	づ	づ		

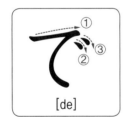

で	で	で	で		

ど	ど	ど	ど		

히라가나 탁음 ば행

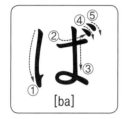

ば	ば	ば	ば		

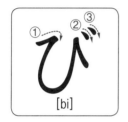
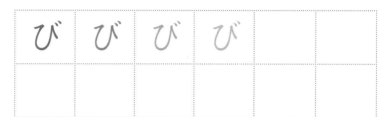

び	び	び	び		

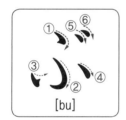

ぶ	ぶ	ぶ	ぶ		

べ	べ	べ	べ		

ぼ	ぼ	ぼ	ぼ		

히라가나 쓰기 연습

히라가나 반탁음 ぱ행

ぱ	ぱ	ぱ	ぱ		

ぴ	ぴ	ぴ	ぴ		

ぷ	ぷ	ぷ	ぷ		

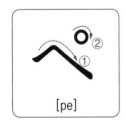

ぺ	ぺ	ぺ	ぺ		

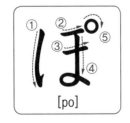

ぽ	ぽ	ぽ	ぽ		

혼동하기 쉬운 글자

あ	あ	あ	あ
お	お	お	お

い	い	い	い
り	り	り	り

き	き	き	き
さ	さ	さ	さ

ち	ち	ち	ち
ら	ら	ら	ら

は	は	は	は
ほ	ほ	ほ	ほ

ぬ	ぬ	ぬ	ぬ
め	め	め	め

る	る	る	る
ろ	ろ	ろ	ろ

ね	ね	ね	ね
れ	れ	れ	れ
わ	わ	わ	わ

히라가나 요음

きゃ	きゅ	きょ
[kya]	[kyu]	[kyo]

きゃ	きゃ	きゅ	きゅ	きょ	きょ

ぎゃ	ぎゅ	ぎょ
[gya]	[gyu]	[gyo]

ぎゃ	ぎゃ	ぎゅ	ぎゅ	ぎょ	ぎょ

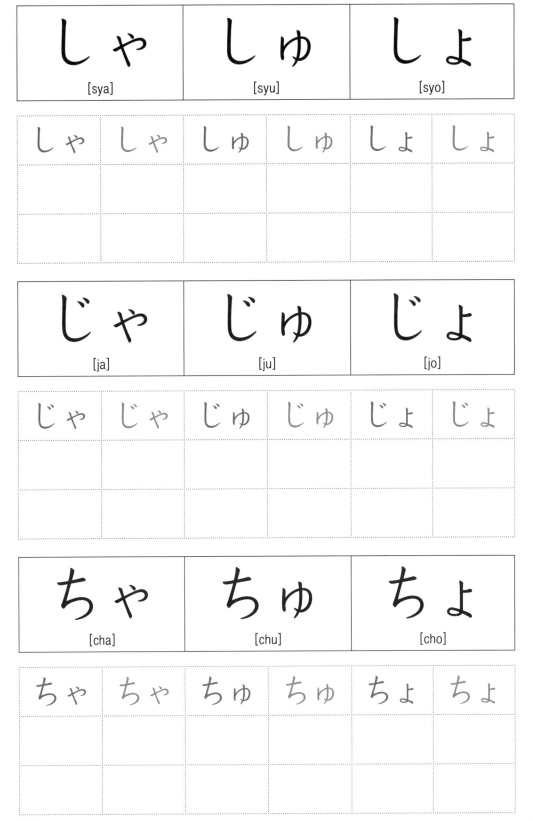

しゃ	しゅ	しょ
[sya]	[syu]	[syo]

じゃ	じゅ	じょ
[ja]	[ju]	[jo]

ちゃ	ちゅ	ちょ
[cha]	[chu]	[cho]

にゃ	にゅ	によ
[nya]	[nyu]	[nyo]

にゃ	にゃ	にゅ	にゅ	によ	によ

ひゃ	ひゅ	ひょ
[hya]	[hyu]	[hyo]

ひゃ	ひゃ	ひゅ	ひゅ	ひょ	ひょ

びゃ	びゅ	びょ
[bya]	[byu]	[byo]

びゃ	びゃ	びゅ	びゅ	びょ	びょ

ぴゃ	ぴゅ	ぴょ
[pya]	[pyu]	[pyo]

ぴゃ	ぴゃ	ぴゅ	ぴゅ	ぴょ	ぴょ

みゃ	みゅ	みょ
[mya]	[myu]	[myo]

みゃ	みゃ	みゅ	みゅ	みょ	みょ

りゃ	りゅ	りょ
[rya]	[ryu]	[ryo]

りゃ	りゃ	りゅ	りゅ	りょ	りょ

가타카나 쓰기 연습

가타카나 청음 ア행

가타카나 청음 カ행

가타카나 청음 サ행

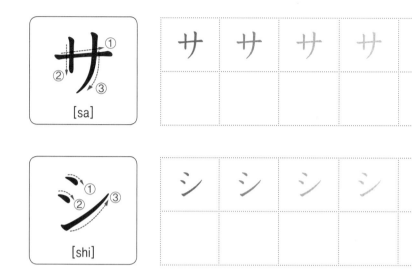

サ	サ	サ	サ		

シ	シ	シ	シ		

ス	ス	ス	ス		

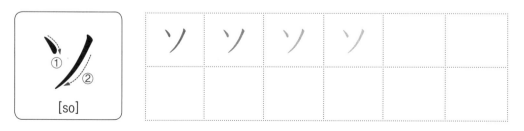

セ	セ	セ	セ		

ソ	ソ	ソ	ソ		

가타카나 청음 タ행

가타카나 청음 ナ행

가타카나 청음 ハ행

ハ [ha]

ヒ [hi]

フ [fu]

ヘ [he]

ホ [ho]

가타카나 청음 マ행

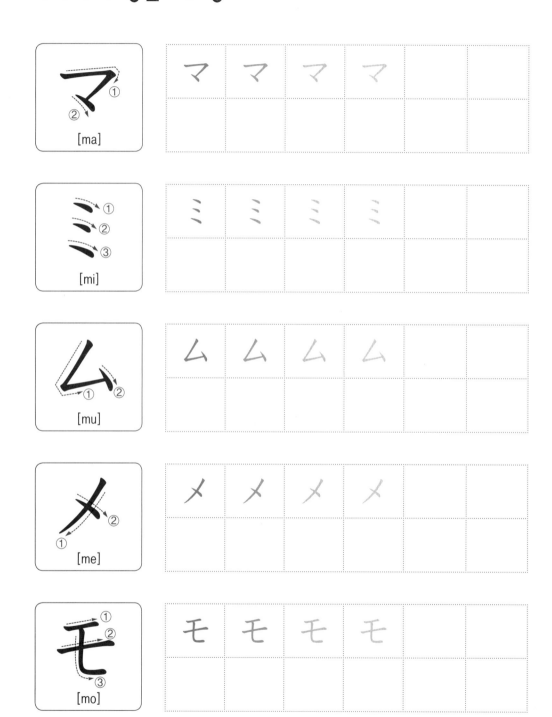

가타카나 청음 ヤ행

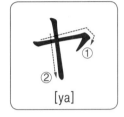

ヤ	ヤ	ヤ	ヤ		

ユ	ユ	ユ	ユ		

ヨ	ヨ	ヨ	ヨ		

가타카나 쓰기 연습

가타카나 청음 ラ행

ラ	ラ	ラ	ラ		
リ	リ	リ	リ		
ル	ル	ル	ル		
レ	レ	レ	レ		
ロ	ロ	ロ	ロ		

[ra] [ri] [ru] [re] [ro]

가타카나 청음 ワ행 · ン

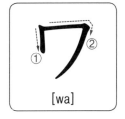

ワ	ワ	ワ	ワ		

ヲ	ヲ	ヲ	ヲ		

가타카나의 「ヲ」는 거의 쓰이는 일이 없고, 발음이 같은 「オ」가 주로 쓰인다.

ン	ン	ン	ン		

가타카나 탁음 ガ행

ガ	ガ	ガ	ガ		

ギ	ギ	ギ	ギ		

グ	グ	グ	グ		

ゲ	ゲ	ゲ	ゲ		

ゴ	ゴ	ゴ	ゴ		

가타카나 탁음 ザ행

[za]

ザ	ザ	ザ	ザ		

[ji]

ジ	ジ	ジ	ジ		

[zu]

ズ	ズ	ズ	ズ		

[ze]

ゼ	ゼ	ゼ	ゼ		

[zo]

ゾ	ゾ	ゾ	ゾ		

가타카나 탁음 ダ행

ダ	ダ	ダ	ダ		

ヂ	ヂ	ヂ	ヂ		

ヅ	ヅ	ヅ	ヅ		

デ	デ	デ	デ		

ド	ド	ド	ド		

가타카나 탁음 バ행

가타카나 반탁음 パ행

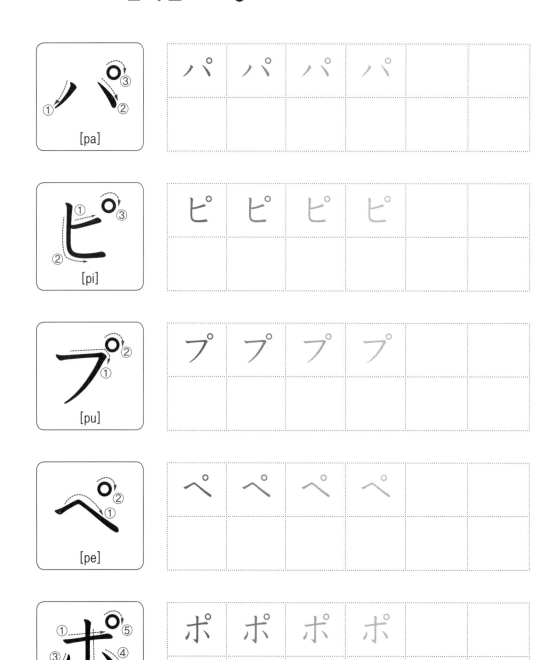

혼동하기 쉬운 글자

オ	オ	オ	オ
ネ	ネ	ネ	ネ

ク	ク	ク	ク
ケ	ケ	ケ	ケ

コ	コ	コ	コ
ユ	ユ	ユ	ユ

シ	シ	シ	シ
ツ	ツ	ツ	ツ

ソ	ソ	ソ	ソ
ン	ン	ン	ン

チ	チ	チ	チ
テ	テ	テ	テ

メ	メ	メ	メ
ヌ	ヌ	ヌ	ヌ

マ	マ	マ	マ
ム	ム	ム	ム

가타카나 쓰기 연습

가타카나 요음

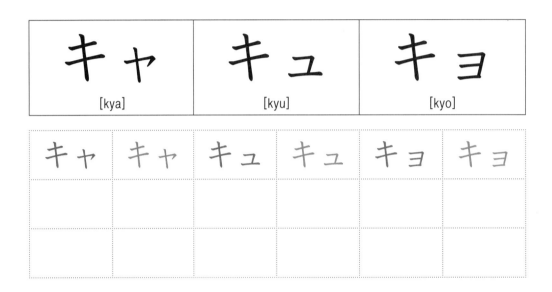

キャ [kya]	キュ [kyu]	キョ [kyo]

キャ	キャ	キュ	キュ	キョ	キョ

ギャ [gya]	ギュ [gyu]	ギョ [gyo]

ギャ	ギャ	ギュ	ギュ	ギョ	ギョ

シャ	シュ	ショ
[sya]	[syu]	[syo]

シャ	シャ	シュ	シュ	ショ	ショ

ジャ	ジュ	ジョ
[ja]	[ju]	[jo]

ジャ	ジャ	ジュ	ジュ	ジョ	ジョ

チャ	チュ	チョ
[cha]	[chu]	[cho]

チャ	チャ	チュ	チュ	チョ	チョ

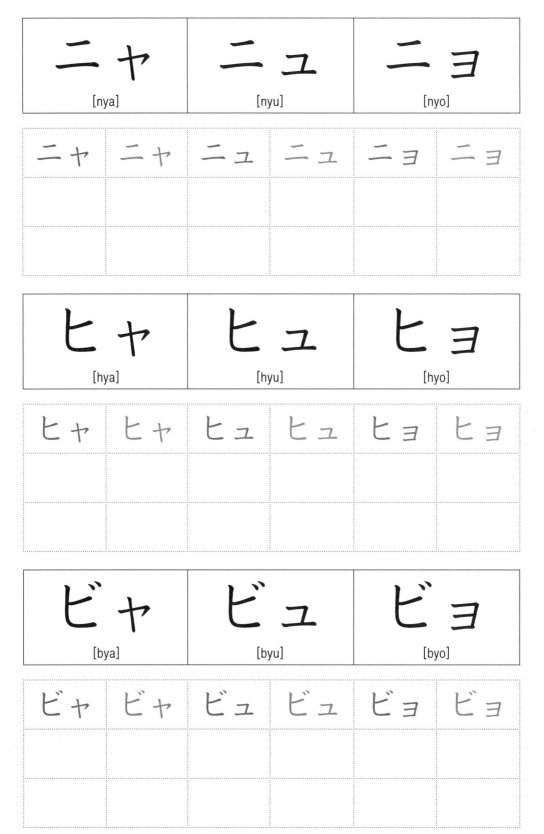

ニャ		ニュ		ニョ	
[nya]		[nyu]		[nyo]	
ニャ	ニャ	ニュ	ニュ	ニョ	ニョ

ヒャ		ヒュ		ヒョ	
[hya]		[hyu]		[hyo]	
ヒャ	ヒャ	ヒュ	ヒュ	ヒョ	ヒョ

ビャ		ビュ		ビョ	
[bya]		[byu]		[byo]	
ビャ	ビャ	ビュ	ビュ	ビョ	ビョ

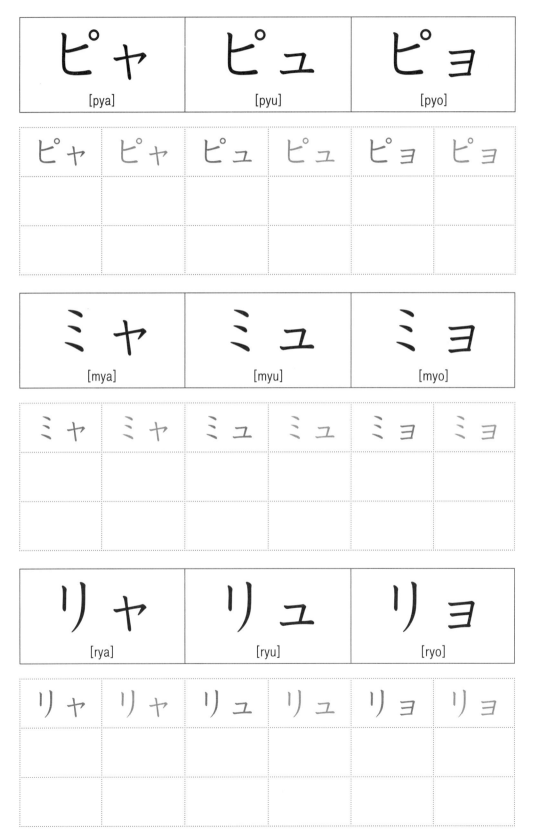

ピャ [pya]		ピュ [pyu]		ピョ [pyo]	
ピャ	ピャ	ピュ	ピュ	ピョ	ピョ

ミャ [mya]		ミュ [myu]		ミョ [myo]	
ミャ	ミャ	ミュ	ミュ	ミョ	ミョ

リャ [rya]		リュ [ryu]		リョ [ryo]	
リャ	リャ	リュ	リュ	リョ	リョ

○ **상황별 인사말**

おはようございます。 안녕하세요. (아침 인사)

おはようございます。

こんにちは。 안녕하세요. (점심 인사)

こんにちは。

こんばんは。 안녕하세요. (저녁 인사)

こんばんは。

おやすみなさい。 안녕히 주무세요.

おやすみなさい。

ありがとうございます。 감사합니다.

ありがとうございます。

どういたしまして。 별 말씀을요.

どういたしまして。

おめでとうございます。 축하합니다.

おめでとうございます。

すみません。 죄송합니다.

すみません。

さようなら。 안녕히 가세요. / 안녕히 계세요.

さようなら。

また、あした。 내일 만나요.

また、あした。

○ 상황별 인사말

いただきます。 잘 먹겠습니다.

いただきます。

ごちそうさまでした。 잘 먹었습니다.

ごちそうさまでした。

おげんきですか。 잘 지내세요?

おげんきですか。

ええ、おかげさまで。 네, 덕분에요.

ええ、おかげさまで。

いってきます。 다녀오겠습니다.

いってきます。

いってらっしゃい。 잘 다녀 오세요.

いってらっしゃい。

ただいま。 다녀왔습니다.

ただいま。

おかえりなさい。 어서 와. / 어서 오세요.

おかえりなさい。

どうぞ。 자, 어서… (권유)

どうぞ。

どうも。 감사합니다.

どうも。

○ 한자

私 わたし 나, 저	私	私		
韓国人 かんこくじん 한국인	韓国人	韓国人		
日本人 にほんじん 일본인	日本人	日本人		
中国人 ちゅうごくじん 중국인	中国人	中国人		
学生 がくせい 학생	学生	学生		
留学生 りゅうがくせい 유학생	留学生	留学生		

先生 せんせい 선생님	先生	先生		
会社員 かいしゃいん 회사원	会社員	会社員		
大学 だいがく 대학	大学	大学		
日本語 にほんご 일본어	日本語	日本語		
英語 えいご 영어	英語	英語		
友だち ともだち 친구	友だち	友だち		

ｏ **한자**

本 ほん 책	本	本		
学校 がっこう 학교	学校	学校		
家 いえ 집	家	家		
駅 えき 역	駅	駅		
教室 きょうしつ 교실	教室	教室		
図書館 としょかん 도서관	図書館	図書館		

人 ひと 사람	人	人		
方 かた 분	方	方		
時計 とけい 시계	時計	時計		
机 つくえ 책상	机	机		
何 なん・なに 무엇	何	何		
近く ちかく 근처	近く	近く		

04 このおにぎりはいくらですか。 이 주먹밥은 얼마예요?

○ 한자

円 えん 엔	円	円		
今 いま 지금	今	今		
何時 なんじ 몇 시	何時	何時		
午前 ごぜん 오전	午前	午前		
午後 ごご 오후	午後	午後		
朝 あさ 아침	朝	朝		

昼 ひる 점심, 낮	昼	昼		
夜 よる 밤	夜	夜		
お菓子 おかし 과자	お菓子	お菓子		
お湯 おゆ 뜨거운 물	お湯	お湯		
映画 えいが 영화	映画	映画		
授業 じゅぎょう 수업	授業	授業		

私の誕生日は5月5日です。 내 생일은 5월 5일입니다.

○ 한자

今日 きょう	今日	今日		
오늘				

明日 あした	明日	明日		
내일				

今月 こんげつ	今月	今月		
이번 달				

今年 ことし	今年	今年		
올해				

誕生日 たんじょうび	誕生日	誕生日		
생일				

休み やすみ	休み	休み		
휴일, 휴가				

卒業 そつぎょう 졸업	卒業	卒業		
何月 なんがつ 몇 월	何月	何月		
何日 なんにち 며칠	何日	何日		
大会 たいかい 대회	大会	大会		
昨日 きのう 어제	昨日	昨日		
天気 てんき 날씨	天気	天気		

○ 한자

勉強 べんきょう 공부	勉強	勉強	
漢字 かんじ 한자	漢字	漢字	
料理 りょうり 요리	料理	料理	
大きい おおきい 크다	大きい	大きい	
小さい ちいさい 작다	小さい	小さい	
高い たかい 비싸다, 높다	高い	高い	

安い やすい 싸다	安い	安い		
辛い からい 맵다	辛い	辛い		
面白い おもしろい 재미있다	面白い	面白い		
広い ひろい 넓다	広い	広い		
明るい あかるい 밝다	明るい	明るい		
楽しい たのしい 즐겁다	楽しい	楽しい		

しんせつ　ひと

○ 한자

歌 うた 노래	歌	歌		
店 みせ 가게	店	店		
公園 こうえん 공원	公園	公園		
地下鉄 ちかてつ 지하철	地下鉄	地下鉄		
食べ物 たべもの 음식, 먹을 것	食べ物	食べ物		
好きだ すきだ 좋아하다	好きだ	好きだ		

親切だ しんせつだ 친절하다	親切だ	親切だ		
上手だ じょうずだ 잘하다	上手だ	上手だ		
便利だ べんりだ 편리하다	便利だ	便利だ		
元気だ げんきだ 건강하다	元気だ	元気だ		
安全だ あんぜんだ 안전하다	安全だ	安全だ		
同じだ おなじだ 같다	同じだ	同じだ		

鈴木さんはどこにいますか。 <ruby>鈴木<rt>すずき</rt></ruby> スズキ 씨는 어디에 있습니까?

○ 한자

上 うえ 위	上	上		
下 した 아래	下	下		
中 なか 안	中	中		
部屋 へや 방	部屋	部屋		
財布 さいふ 지갑	財布	財布		
郵便局 ゆうびんきょく 우체국	郵便局	郵便局		

父 ちち 아빠	父	父		
母 はは 엄마	母	母		
兄 あに 오빠, 형	兄	兄		
姉 あね 언니, 누나	姉	姉		
弟 おとうと 남동생	弟	弟		
妹 いもうと 여동생	妹	妹		

○ **한자**

運動 うんどう 운동	運動	運動		
買い物 かいもの 쇼핑, 장보기	買い物	買い物		
会う あう 만나다	会う	会う		
行く いく 가다	行く	行く		
話す はなす 이야기하다	話す	話す		
飲む のむ 마시다	飲む	飲む		

帰る かえる 돌아가(오)다	帰る	帰る		
入る はいる 들어가(오)다	入る	入る		
走る はしる 달리다	走る	走る		
見る みる 보다	見る	見る		
寝る ねる 자다	寝る	寝る		
来る くる 오다	来る	来る		

61

いっしょ　ちゃ　の

함께 차를 마시지 않을래요 ?

○ 한자

ご飯 ごはん 밥	ご飯	ご飯		
お茶 おちゃ 차(음료)	お茶	お茶		
食事 しょくじ 식사	食事	食事		
会議 かいぎ 회의	会議	会議		
週末 しゅうまつ 주말	週末	週末		
写真 しゃしん 사진	写真	写真		

借りる かりる 빌리다	借りる	借りる		
働く はたらく 일하다	働く	働く		
始める はじめる 시작하다	始める	始める		
聞く きく 듣다, 묻다	聞く	聞く		
頑張る がんばる 노력하다, 분발하다	頑張る	頑張る		
歌う うたう 노래하다	歌う	歌う		

★ memo ★